犬は「びよ」と鳴いていた

日本語は擬音語・擬態語が面白い

山口仲美

JN030543

光文社未来ライブラリー

0020

犬は「びよ」と鳴いていた　目次

第一部　擬音語・擬態語の不思議　9

(1)擬音語・擬態語に魅せられる　10

毀誉褒貶《きよほうへん》の言語／昔のものほど面白い／犬は「びよ」と鳴いていた／鳴き声の変遷で分かる動物と人との関係／場面を効果的に演出する／和歌の掛詞《かけことば》にする／『源氏物語』では人物造型まで行う

(2)擬音語・擬態語のかたち　26

匂いで分かる／現代の擬音語・擬態語の語型／「ッ」「ン」「ー」の大活躍／時代を遡ると／「ＡＢＡＢ」型が日本代表／ある時代だけに栄えた語型／「ラ」「ロ」から「リ」へ

(3)擬音語・擬態語の寿命　43

宝庫は『今昔物語集』／そこに見られる擬音語・擬態語／五三％は、現代まで継承／消えた擬音語・擬態語／流行語ではありません

（4）擬音語・擬態語の変化　63
郷愁《きょうしゅう》の音／機械音の増加／〝笑い系〟が増えた現在／「ビビビッ」「プッツン」「ウルウル」／〝慎み深くゆっくり〟だった三〇年前／時代は〝過激にすばやく豪快に〟

（5）掛詞《かけことば》で楽しむ擬音語・擬態語　85
隠された意味はないのが、ふつう／葉ずれの音は、相づちの言葉／鹿の声に思いを託す／「ミウミウ」と「見う見う」を掛ける／人気があった鳥の声／和歌ならではの技法

（6）辞典の中の擬音語・擬態語　102
国語辞典に載らない日本語／日本語を学ぶ外国人と翻訳者のため／「あっさり」と「さっぱり」の違い／意味の分からない解説文／押し入れみたいな項目／「あたふた」を「おたおた」で説明されても／鶏の声は、いつから「こけこっこー」／カラスは「コロク」と鳴いていた／ビジュアル情報も欲しい

第二部　動物の声の不思議　121

（1）昔の犬は何と鳴く――犬――　122

「わんわん」は江戸時代初めから／平安時代は「ひよ」の文字／昔は濁音表記がなかった／犬の鳴きさし虻《あぶ》の一声／「びよ」は江戸時代中頃まで／「びょう」の声は、遠吠えに／「椀」「湾」「腕」／飼犬と野犬の違い

（2）ニャンとせう――猫――　140

ぽんと蹴《け》りゃ、にゃんと鳴く／淫靡《いんび》な意味合いの「にゃあん」／江戸時代は「にゃあ」が一般的／切実な「にゃあご」／「ねうねう」を「寝よう寝よう」に掛ける／「猫」には遊女の意味も／猫はいつから日本にいたか

（3）チウき殺してやらう――鼠――　159

鼠の名前には「忠」がつく／「チウ」は江戸から／一時栄えた「チ

イチイ」／室町時代までは「シウシウ」／鼠と雀は同じ声だった／私はあなたに「ムチュウ」

(4)モウモウぎうの音も出ませぬ——牛——177
万葉の牛は英語式／方言に残る「ンモ」／牡牛は「モー」、牝牛は「メー」／東北では「メー」と鳴く／「モー」の活躍

(5)イヒヒンヒンと笑うて別れぬ——馬——193
奈良時代は「イ」／平安時代は「イン」／江戸時代から「ヒン」／「イ」が「ヒ」に変化した理由／「イン」と「ヒン」の戦い

(6)われは狐ぢゃこんこんくゎいくゎい——狐——211
狐は「こんこん」でしょう／「コン」の声は、奈良時代から／掛詞によく使われた「こんこん」／消えた「こうこう」／機嫌の悪い「くゎいくゎい」の声／「こんこん」が生き残った理由

（7）ももんがの鳴きやうを知らぬ——モモンガ—— 231
モモンガの声を求めて探索／モモンガが現れない／モモンガとムササビは同じか／モモングヮは化け物／脅し文句・ののしり言葉／元興寺の後継ぎ？／実際の鳴き声は？
（8）美《うつく》し佳《よ》しと鳴く蟬は——ツクツクボウシ—— 253
漱石はオシイックツク／現在では、「つくつく」は後ろに／「くつくつ」だった／蟬がお経を読むという発想／ウツクシの異名／ツクツクボウシの登場／転倒に次ぐ転倒の歴史
エピローグ 274
あとがき——文庫版刊行にあたって 279
索引 289

第一部　擬音語・擬態語の不思議

（1）擬音語・擬態語に魅せられる

毀誉褒貶《きよほうへん》の言語

私は、若い時からどういうわけか擬音語・擬態語に惹《ひ》かれまして、その研究を続けてきました。擬音語というのは、「ほうほけきょー」「がたがた」などの、物音や声を私たちの発音で写しとった言葉です。擬態語というのは、「べったり」「きらきら」などの、様子や状態をいかにもそれらしく写しとった言葉です。

こういう言葉の研究をしていると、よく聞かれます。

「ワンワン、ニャンニャンといった幼稚な言葉をどうして研究対象にするの？」

もっとはっきりと、

「意味なんて調べなくても、分かるから研究するまでもないんじゃあない」

と、注意していただいたこともあります。

でも、私は擬音語・擬態語に惹かれてしまった。なぜなのか？　最初に、どうして自分が擬音語・擬態語に魅せられ、研究を進めていったのかについての話をしたいと思います。それが、この本への自然なかたちでの導入にもなるからです。

擬音語・擬態語というのは、人によって好き嫌いの分かれる言葉です。三島由紀夫は、擬音語・擬態語が大嫌いで、品のない言葉だから、自分は作品の中で使わないようにしていると言っています。森鷗外なんかも好きでなかったらしく、自身の作品に擬音語・擬態語をあまり使っていません。

でも、一方では、北原白秋とか草野心平、宮沢賢治のように擬音語・擬態語好きで、その効果を最大限にいかして作品を生み出していく作家もいます。草野心平なんかは擬音語・擬態語だけで詩をつくってしまう。

ぐりりににぐりりににぐりりにに
るるるるるるるるるるるるる
ぎゃッぎゃッぎゃッぎゃッぎゃッ
ぎゃるるろぎゃるるろぎゃるるろ
げぶらららららげぶららららら

（「第八月満月の夜の満潮時の歓喜の歌」『草野心平全集』巻一）

と、蛙の合唱の歌を詠《よ》む。あるいは、

ふっふっふっふっふっ
はっはっはっはっはっ
ぴるるるるるるッ

（「蛇祭り行進」『草野心平全集』巻一）

と、後足だけで歩き出した数万の蛙《かえる》の様子をユニークな擬音語・擬態語だけで写し出してしまう。

こんなふうに擬音語・擬態語は、人によって好き嫌いのはっきりしている言葉なのです。なんだか個性の強い人間に似ています。個性的だからこそ、毀誉褒貶相半《きよほうへんあいなか》ばするというわけです。

私はといえば、むろん擬音語・擬態語大好き人間です。第一、日本語の特色と言えるほど、分量が多い。乾亮一《いぬいりよういち》さんの調査（『市河三喜《いちかわさんき》博士還暦祝賀論文集』研究社）によりますと、英語では擬音語・擬態語が三五〇種類しかないのに、日本語ではなん

図1　「げぶらららららげぶらららららら」と声をあげていそうな蛙たち。(『鳥獣人物戯画』甲巻　高山寺蔵)

と一二〇〇種類に及ぶ。三倍以上ですね。小島義郎さんは、『広辞苑』の収録語彙《ごい》をもとに同じような調査（『英語辞書学入門』三省堂）をしていますが、彼によると、日本語の擬音語・擬態語の分量は英語の五倍にもなります。擬音語・擬態語は、まさに日本語の特色なのです。

昔のものほど面白い

擬音語・擬態語は、現代語ですと、たいていの日本人には意味を説明する必要がありません。音が意味に直結しているから、日本語の中で育った人には意味は自明です。でも、外国人には難しい。

この間も、外国人留学生に「もじもじしないで聞きたいことがあったら、聞いてください」と言ったら、「もじもじってなんですか？」って聞き返されました。その場にいた外国人留学生たちは、口を揃《そろ》えて日本人のよく使う擬音語・擬態語の意味が分からなくて困ると言っていました。日本人にとっては、現代の擬音語・擬態語は意味の自明な言葉なんですが、外国人には難しい。

でも、実は日本人にとっても、昔の擬音語・擬態語になると、意味がつかみにくい。

室町時代の資料には「月のうるうるとして碧雲《へきうん》の間より出た……」（『江湖風月集抄《ごうこふうげつしゆうしよう》』）とか「東方に朝日がつるつると出《いで》たれば」（『毛詩抄《もうししよう》』）などと出てきます。「うるうる」も「つるつる」も、現代語にもありますが、意味が違っています。現代人から見ると、なんか変だなっていう感じがする。

でも、こういうのは、まあ昔は意味が違っていたんだろうと思うぐらいで、まだ納得しやすい。なかには、存在そのものが信じられない擬音語・擬態語があります。

私が、一番最初にひっかかったのは、平安時代の『大鏡《おおかがみ》』に出てくる犬の声です。「ひよ」って書いてある。頭注にも、「犬の声か」と記してあるだけなんです。私たちは、犬の声は「わん」だとばかり思っていますから、「ひよ」と書かれていても、にわかには信じられない。なまじ意味なんか分かると思い込んでいる言葉だけに、余計に信じられない。雛《ひな》じゃあるまいし、「ひよ」なんて犬が鳴くかって思う。でも、気になる。これが、私が擬音語・擬態語に興味をもったきっかけでした。

犬は「びよ」と鳴いていた

調べてみますと、江戸時代まで日本人は犬の声を、「びよ」とか「びょう」と聞いていたんですね。犬の声の出ている『大鏡』の写本には、濁点《だくてん》がありません。というより、昔は濁音を清音《せいおん》ときちんと区別して表記しないから、清音で読むのか濁音で読むのか分からない。ですから、校訂者も「ひよ」と清音のまま記しておいたのでしょう。当時の実際の発音を再現するとしたら、「びよ」にした方がいいですね。

ここで、私は悟った。昔の擬音語・擬態語は、現代語と違って調べてみない限り分からない。そして、調べてみると、意外な事実が次々に明るみに出る。これは、やりがいがある。私が擬音語・擬態語研究にのめりこんでいった理由の一つです。

じゃあ、鶏の声はどうか？　鶏の声は、現在は「こけこっこー」ですね。でも、昔の文献を丹念にたどって行きますと、江戸時代は「東天紅（とうてんこう）」と聞いていたことが明らかになってくる。「とっけいこう」「とってこう」なんていう鶏の声もある。じゃあ、もっと遡《さかのぼ》った時代はなんて聞いていたのか？　そもそも「こけこっこー」と聞きはじめたのはいつからなのか？

こうして動物の声を写す擬音語の歴史を追究し出しました。誰も研究していませんでしたから、次々に知られざる事実が明らかになってくる。ついに私は、それらのことをもとに本を書いてしまいました。『ちんちん千鳥のなく声は―日本人が聴いた鳥の声―』（大修館書店）です。十年余り前のことです。この本は、動物の声のうちでも、鳥の声に焦点を当てたものです。

今回は、「第一部　擬音語・擬態語の不思議」では、擬音語・擬態語の性質についての究明を行いますが、「第二部　動物の声の不思議」では、鳥以外の動物、犬・猫・鼠《ねずみ》・牛・馬・狐・モモンガ・ツクツクボウシなどの鳴き声の歴史を追究してみます。

鳴き声の変遷で分かる動物と人との関係

こういうことを追究しますと、文化史が見えてくる。たとえば、江戸時代では梟《ふくろう》が身近にいたから梟の鳴き声で明日の天気を占ったりしている。「のりすりおけ」（＝糊《のり》を摺《す》って用意しなさい）と聞こえるように鳴くと翌日は晴れなんです。「のりとりおけ」（＝糊をとっておきなさい）と聞こえると、雨なんです。実際は、区別がつかなかったでしょうけど、当時の人が梟の声を聞いて楽しんでいたことは分かる。つまり、梟が日常的なレベルで人々に関心をもたれていた。

ところが、現在はどうかといいますと、梟の声なんか聞きたくったって耳にできない。梟の存在から遠く引き離された現在の文化のありようが浮かび上がってきます。

また、猿の声。『常陸国風土記《ひたちのくにふどき》』では、猿の声を「ココ」と聞いています。でも、猿を見世物にしはじめた室町時代からは、猿の声は「キャッキャッ」と写すようになっています。これは、猿の声が変わったわけではないんです。「ココ」は、猿が食べ物を食べている時の満足そうな声を写したもの。「キャッキャッ」は、猿が恐怖心を抱いた時に出す鳴き声を写したものなんです。「ココ」から「キャッキャッ」に変化したところには、猿と人間の付き合いの文化史が浮かび上がってきます。

場面を効果的に演出する

それから擬音語・擬態語に魅せられたのは、効果満点の使い方をした場面に出会ったことも要因です。平安時代末期の説話集『今昔物語集』は、当時の擬音語・擬態語の宝庫です。その使い方も、巧みです。たとえば「ニココニ」という擬態語がありま す。現代語で言えば「ニヤニヤ」「ニタニタ」って感じの語。こんな話に出てきます。

修行を積んだ坊さんがいた。師の僧が、その坊さんに「女にはもう誘惑されないか」と聞いた。坊さんは、修行を積んだ自分になにをいまさら念を押す必要があろうかと少しむっとした。さて、坊さん、外出の用ができた。川に差しかかると、女の人が溺《おぼ》れている。坊さんは、女の人を助けてやった。助けた時に触った女の手は、すごく柔らかい。坊さんは手を握ったまま、「私の言うことを聞いてくれるか」と聞く。女の人は「助けていただいたんですもの。どんなことでも聞かないことがありましょうか」と答える。

坊さんは女を薄《すすき》の生い茂る野原に連れ出し、思いを遂げようとした。だけど、人が見るといけないと思って後ろを振り返り、前の方に見返ると、なんと師の僧を押し倒していたのだった。師の僧は「『ニコニ』咲《ゑ》むで」坊さんを見ていた。それ、お前、女犯《にょぼん》を犯そうとしたではないかといわんばかりの「ニタニタ」した顔。「ニコニ」がなかったら、なんということのない話で終わったかもしれない。実に擬態語が効いています。

『今昔物語集』は、場面を盛り上げるのに、擬音語・擬態語をまことに効果的に利用しています。他にも、真夜中、急用で人を呼びに行かなくっちゃならない。おびえながら、道を歩いていると、いきなり、「カカ」というけたたましい声が夜空に響き渡る。登場人物も読者もビクッとしてしまう場面に擬音語を使うんです。また、男が一人、あばら屋に泊まっている。怖くて緊張して怯《おび》えている時、小さな小さな物音がする。「コホロ」。「コホロ」が効いているんですね。サスペンス映画もどきに擬音語を使っている。一千年も昔のことですよ。

和歌の掛詞《かけことば》にする

また、平安時代の和歌を読んでいますと、たとえばこんな歌に出会います。

ひとりして　物をおもへば　秋の田の　稲葉のそよと　いふ人のなき

『古今和歌集』の歌。「ただ一人で物思いにふけっているので、秋の田の稲葉が『そよ』と風に靡《なび》くように『其《そ》よ（＝そうですよ）』と相づちを打ってくれる人もいない」といった意味。「そよそよ」の「そよ」ですが、葉擦《はず》れの音を表わすと同時に、相づち語の「そうよ」の意味を掛けてしまう。単純な擬音語ではなくて、意味を二重に働かせている。歌には、こういう擬音語・擬態語の使い方が見られます。

いがいがと　聞きわたれども　今日《けふ》をこそ　餅食《もちひ》ふ人　わきて知りぬれ

これは、平安時代の『宇津保物語』に出てくる歌です。「五十日《いか》の祝いとかねて聞いていましたが、いがいがと泣く声を聞いて、今日こそ祝餅を召し上がる人をとくに知ったことですよ」といった意味の歌。当時、朝廷や貴族の間では、新生児誕生後五十日目にお祝いをしました。おじいちゃんかお父さんかのどちらかが、赤ちゃんの口に餅をふくませてあげる儀式です。「いがいが」は、当時の赤ん坊の泣き声。現在から見ると、にわかに信じがたいかもしれませんが、「いがーいがー」としてみると、今の「おぎゃーおぎゃー」に似ていて納得できます。赤ん坊の泣き声「いがいが」に「五十日《いか》五十日《いか》」の意味を掛けているんですね。

こんなふうに擬音語・擬態語を掛詞にして二重の意味をもたせる。おしゃれです。『源氏物語』には、子猫の声を「ねうねう」と写して「寝よう寝よう」の意味に掛けて用いた例もあります。こういう使い方に接すると、擬音語・擬態語は隅《すみ》に置けない言葉だと思って、ますますのめりこんでしまいます。

『源氏物語』では人物造型まで行う

今、『源氏物語』が出ましたが、『源氏物語』の作者もただ者ではない使い方をしています。擬音語・擬態語は、普通、場面を生き生きとさせるために使うのですが、『源氏物語』には、全く違った使い方が見られます。結論を先に言えば、登場人物を造型するために擬態語を使うことがあるのです。

たとえば、『源氏物語』前編の女主人公の紫の上は、「あざあざ」という擬態語でその人柄が象徴されています。

来し方あまりにほひ多くあざあざとおはせしさかりは、（『源氏物語』御法）

紫の上の盛りの美しさを形容している箇所です。「あざあざ」というのは、色彩が鮮明で目のさめるような派手やかさを意味する擬態語。『源氏物語』初出の語ですが、紫の上という特定の人物の形容だけにこの語を用いています。

また、「けざけざ」という擬態語があります。これも、『源氏物語』初出の擬態語。すっきりと際立つ感じの美しさを表わす語ですが、これは、図2に示した玉鬘《たまかずら》という美人で賢い女性にだけ使っています。「おぼおぼ」という擬態語もあります。ぼんやりしていることを表わしますが、この語は正体のつかみにくい浮舟《うきふね》という女性にだけ使われています。そのほか、「たをたを」「なよなよ」「やはやは」も、いずれも特定の登場人物にのみ用いられています。つまり、擬態語を登場人物の人柄を象徴させる方

図2　恥ずかしそうにうつむいて横顔をみせている女性が、「けざけざと」際立つ美しさをもった玉鬘。（『絵本源氏物語』東京大学文学部国文学研究室所蔵）

向で使ってしまうわけです。技ありと思わず舌を巻いてしまうほど、巧みな使い方です。

『源氏物語』では、黒髪の形容すら人物造型の方向で使われています。『源氏物語』には、黒髪の描写として「つやつや」と「はらはら」と「ゆらゆら」の三種の擬態語が出てきます。この三種の擬態語は、どれも髪の美しさを表わすのですから、美しい髪なら、誰に使ってもいいはずです。事実、『源氏物語』以外の作品では、長い髪の女性なら、だれかれかまわず、三種の語をまぜこぜに使っています。ところが、『源氏物語』は、違うんです。「つやつや」で、黒髪の光沢美をたたえられるのは、女主人公格の女性に限られています。一方、「はらはら」で黒髪のこぼれかかる美しさを形容される人物は、美しいけれど脇役的な性格をもつ女性に限られる。

「つやつや」は、髪の毛自体の美しさを意味し、それは繕《つくろ》わなくても整い輝く天性の美です。「はらはら」は、髪の毛自体の美しさというより、衣服や枕や顔といった他の物が介在し、それとの調和によってもたらされた二次的な美です。『源氏物語』の作者は、天性の美を二次的に生み出された美よりも上位におき、「つやつや」を女主人公格の女性にのみ使用して区別しているのです。

「ゆらゆら」は、小さな子供の髪の美しさに用いています。子供の髪は短いし、子供はよく動きますからね。区別して使った理由がよく分かる。他の作品では、「ゆらゆら」も女性の黒髪の美しさの形容に使い、区別していません。こんなふうに、『源氏物語』では擬態語を区別して使用することで人物造型までしっかりすませてしまう。ここまで擬音語・擬態語を生かせるのは、天才ですね。ただ者ではない。

擬音語・擬態語は、昔に遡ると、目を見張ることばかりです。だから、私は擬音語・擬態語の虜《とりこ》になってしまったのです。

(2) 擬音語・擬態語のかたち

匂いで分かる

これらにくらべ、男の手ざわりはどうか。全然、なっとらんではないか。手でさわって、ちょっとでも、感じよい部分があるだろうか。片や、女、赤ちゃん、びろうど、猫が、フワフワ、しっとり、スベスベ、だとすると、片や男というものは「老いたる若きもろともに」ゴツゴツ、ザラザラ、ギシギシ、カサカサである。無精ヒゲでも生えてればゾリゾリと卸《おろ》し金《がね》かヤスリの如きもの、たまに、ツルツルだったとすると禿《はげ》あたまだったりして、どこをさわっても「いい感じ」というものがない。

これは、田辺聖子さんの小説『男はころり女はごろり』の一節。ここから、擬音語・擬態語を抜き出しなさいと言われたら、日本人ならいとも簡単に擬音語・擬態語を抜き出します。「フワフワ」「しっとり」「スベスベ」「ゴツゴツ」「ザラザラ」「ギシギシ」「カサカサ」「ツルツル」は、すべて触感を表わす擬態語だし、「ゾリゾリ」は、濃いヒゲをこすった時に出る幽《かす》かな音を写す擬音語だというぐあいに。

なぜ、こんなにたやすく擬音語・擬態語を指摘できるんでしょうか？　その一因は、擬音語らしさ・擬態語らしさを感じさせる語型があるからだと思います。例文の擬音語・擬態語を、もう一度よく見てください。「しっとり」以外は、すべて「フワフワ」「スベスベ」「ゴツゴツ」「ザラザラ」などという二音節の反復型ですね。［ＡＢＡＢ］というふうに、一般化できる語型です。この［ＡＢＡＢ］型の擬音語・擬態語が、日本語では数量がもっとも多く、擬音語・擬態語の代表選手なんです。ですから、私たちは、二音節の反復型に出会うと、擬音語・擬態語の匂いを嗅《か》ぎとるわけです。

また、「しっとり」も、ここには一例しか出てきませんが、擬音語・擬態語の一つのタイプです。「にっこり」「ぎっくり」「どっさり」「ばったり」などの語を思い出せば、［ＡッＢリ］という型をした擬音語・擬態語の一つのタイプであることに気づくでしょう。さらに、小説の題名になっている「ころり」「ごろり」も、一つのタイプ。

「がらり」「ざぶり」「ぱくり」「ぶらり」などと同じ仲間の「ABリ」型の擬音語・擬態語です。

こんなふうに、現代の擬音語・擬態語は、十数種類の基本型に分類できる語型を持っています。そこで、この章では現代の擬音語・擬態語にはどのような語型があるのか、それは歴史的にどのような変遷過程をたどってきているのかを明らかにしておくことにします。

現代の擬音語・擬態語の語型

現在、私たちの日常使っている擬音語・擬態語には、どのような語型があると予想なさいますか？　最近の新聞と週刊誌一カ月分を調査してみました。擬音語・擬態語をピックアップして、現代の擬音語・擬態語の語型を抽出しようというわけです。調査に使った資料は、次のものです。

① 「朝日新聞」二〇〇〇年一二月一〇日～二〇〇一年一月九日。
② 「日本経済新聞」二〇〇〇年一二月一〇日～二〇〇一年一月一一日。

③「日刊スポーツ」二〇〇〇年一二月一日〜二〇〇〇年一二月三一日。
④「日本工業新聞」二〇〇〇年一二月一日〜二〇〇〇年一二月二八日。
⑤『週刊現代』二〇〇〇年一二月二日号・一二月九日号・一二月二三日号・一二月三〇日号。
⑥『SPA!』二〇〇〇年一二月六日号・一二月一三日号・一二月二〇日号・一二月二七日号。
⑦『女性自身』二〇〇〇年一二月五日号・一二月一二日号・一二月一九日号・一二月二六日　二〇〇一年一月一日合併号。
⑧『Hanako』二〇〇〇年一二月六日号・一二月一三日号・一二月二〇日号・一二月二七日号。

これらの新聞（①〜④）や週刊誌（⑤〜⑧）は、それぞれできるだけ性質の異なっているものを選択しました。バラエティに富んだ擬音語・擬態語を採集したかったからです。ただし、これらの新聞・雑誌に見られる広告部分は、調査対象から除いてあります。

さて、①〜⑧までの資料を調査して得られた擬音語・擬態語の種類は、一二一〇種。

一体、どんな語型が存在しているんでしょうか？

まず基本となっているタイプを列挙してみます。

基本となっているタイプというのは、一つには、次々に新しい型を派生させていく基本となったタイプ、二つには、大本から派生したタイプですが所属する語が多く、もとの語型をしのぐほどに成長したタイプ、この二つをさしています。（　）内の語は、その語例。

A（ふ）
Aッ（きっ・さっ・ぴっ）
Aン（かん・がん・ぴん）
Aー（さー・すー・ぐー）
AA（だだ・へへ・ふふ）
AッA（かっか・さっさ・ぱっぱ）
AッAッ（くっくっ・ぴっぴっ・ぽっぽっ）
AンAン（くんくん・つんつん・ぱんぱん）
AーAー（かーかー・ぐーぐー・ぴーぴー）

AB（どさ・どき・どて）
ABッ（どきっ・ぼかっ・むかっ）
ABン（くすん・ちくん・ぱりん）
ABリ（きらり・ちくり・ぺろり）
AッBリ（さっくり・ざっくり・ぴっかり）
AンBリ（こんもり・こんがり・ぼんやり）
ABAB（きらきら・しこしこ・ぴかぴか）
ABB（うふふ・ひゅるる・ずおお）

これらの語型をもとに、さらに促音《そくおん》「ッ」・撥音《はつおん》「ン」・長音《ちょうおん》「ー」を加えて、次々に擬音語・擬態語を派生させていきます。これらの派生した語型に所属する語は分量的に多くはなく、まだ臨時的なタイプといった印象を持っています。では、具体的にどうやって派生型を作っていくのでしょうか？

「ッ」「ン」「ー」の大活躍

たとえば、［Aン］という基本型があれば、末尾に促音「ッ」を加えて、［Aンッ］という派生型を作ります。「こん」とすれば、「こん」よりも、さらにはねかえった音の感じが出ますよね。派生型は、たいてい基本型をなんらかの意味で強調していま す。また、［Aン］という基本型に長音「ー」を挿入して派生型を作ることもあります。「かーん」と打てば、「かん」よりもずっと当たりのよいホームランの感じになります。［AA］型にしても、促音「ッ」・撥音「ン」・長音「ー」を適宜加えて、派生型を作ります。「だだっ」は「だだ」よりも、勢いよく走ってきて急に止まった感じが出ますし、「ずずん」は、「ずず」よりも音が頭まで振動してくる感じが出ます。「だだーっ」は、「だだっ」よりもさらに走りこみ方のすごさを表わすことができますし、「ずずーん」は、「ずずん」よりも体に感じる振動音の一層大きかったことを感じさせます。［AA］型にすれば、［AAッ］［AAン］［AAーッ］［AAーン］となります。これらが派生型です。

［ABン］型を例にしても、長音「ー」・促音「ッ」・撥音「ン」を使って、さまざまな派生型を作ります。「ちくん」を、「ちくーん」とすると、針の突き刺さっている時

間の長さが出てきますし、「ちっくん」とすると、瞬間的なのだけれど、「ちくん」より痛みの刺激の強かった感じを表わすことができます。「ちっくーん」となると、もうダメ、痛みは強いわ、時間は長いわです。これらは、型としてみると、「ABーン」「AッBン」「AッBーン」になっています。これらが、「ABン」型の派生型です。

「ABリ」型も、長音「ー」・促音「ッ」・撥音「ン」で、バリエーションをつけることができます。「きらり」は、「きらりっ」として、瞬間的に輝く美を強調することができますし、「きらりん」として、「きらり」よりも光の反射している感じを出すこともできます。「きーらり」「きらーり」とすると、なにやら魂胆《こんたん》のありそうな、やや不気味な輝きになってきます。それぞれ「ABリッ」「ABリン」「AーBリ」「ABーリ」型になっています。

「ABAB」型というもっともポピュラーな語型も、末尾に「ッ」を添えた型を派生させています。「くるくる」を「くるくるっ」にして一層丸まっている感じを強調します。「しこしこ」も「しこしこっ」とすると、歯ざわり感により切れ味のよさが加わってくる感じがしますね。「ABABッ」型にしているわけです。

こんなふうに、基本型をもとに、「ッ」「ン」「ー」を加えていくことによって多くの派生型を作り出していきます。

また、一見きわめて複雑に見える擬音語・擬態語があります。「かたこと」「がさごそ」「ちらほら」「うろちょろ」「ぴっぽっぱ」「どどど」「ととと」「ばばばばば」「どどどーっ」「だだだっ」「ぶろろろ」「ぱっぱかぱー」「ぴろぴろぴー」「ぱぱぱぱんぱーん」「じゃかじゃかちーん」「へっくしょん」「ばたんきゅー」「ぽんぽこりん」「ぴんぽーん」など。

ですが、これらの語をよく見ると、いずれも、すでに挙げた語型の組み合わせや反復と考えることができます。たとえば「かたこと」は、「かた」と「こと」という「AB」型の二語の組み合わせ、「ぴっぽっぱ」は、「ぴっ」「ぽっ」という「Aッ」型の二語と「ぱ」という「A」型の語の組み合わせ、「どどど」「ととと」は、「A」型の語の反復というぐあいにとらえていくことができるので、別の新しい型とみなす必要はないわけです。

時代を遡ると

さて、以上が、現代語に比較的よく見られる擬音語・擬態語の語型です。これらの語型は、昔からずっと変わらずに存在し続けてきたのでしょうか？

私は、かつて岩波書店から刊行された『日本古典文学大系』百巻から、擬音語・擬態語を抜き出して調査したことがあります。『日本古典文学大系』は、奈良時代の『古事記』『万葉集』をはじめ、平安時代の『源氏物語』『今昔物語集』は言うにおよばず、鎌倉・室町時代の『平家物語』『太平記』などの戦記文学、江戸時代の『芭蕉句集』『西鶴集』『近松浄瑠璃集』から滑稽本《こっけいぼん》にいたるまで、各時代の代表的な作品を網羅《もうら》しているので、便利なんですね。

その調査結果をもとに、森田雅子さんの作成した語型変遷図（「語音結合の型より見た擬音語・擬容語―その歴史的推移について―」『国語と国文学』三〇巻一号、一九五三年一月）を参考にして、まとめあげたのが、図3です。基本型とその派生型をメインに図を作成しています。江戸時代の浄瑠璃などには、「くるりくるりくるくるくるり」「どたくたぐゎったりばったり」「しゃんしゃんりんりんさらささっ」「でんぐりでんぐり」「どんぶりころころ」「くゎんくゎんくわらくゎんくゎん」「ぐどんどろつくどろつく」などの複雑なものも頻出《ひんしゅつ》しますが、それらはすべて基本型や派生型に分解して、語型をとらえているわけです。

図3の平安時代のところを見てください。（　）に包まれた「Aン」「AンAン」「ABン」型があります。これは、「ちう」「こうこう」「ちりう」などと表記された擬音語・

「図3」語型の変遷図

＊線の太さはその時代における使用頻度を表わす。

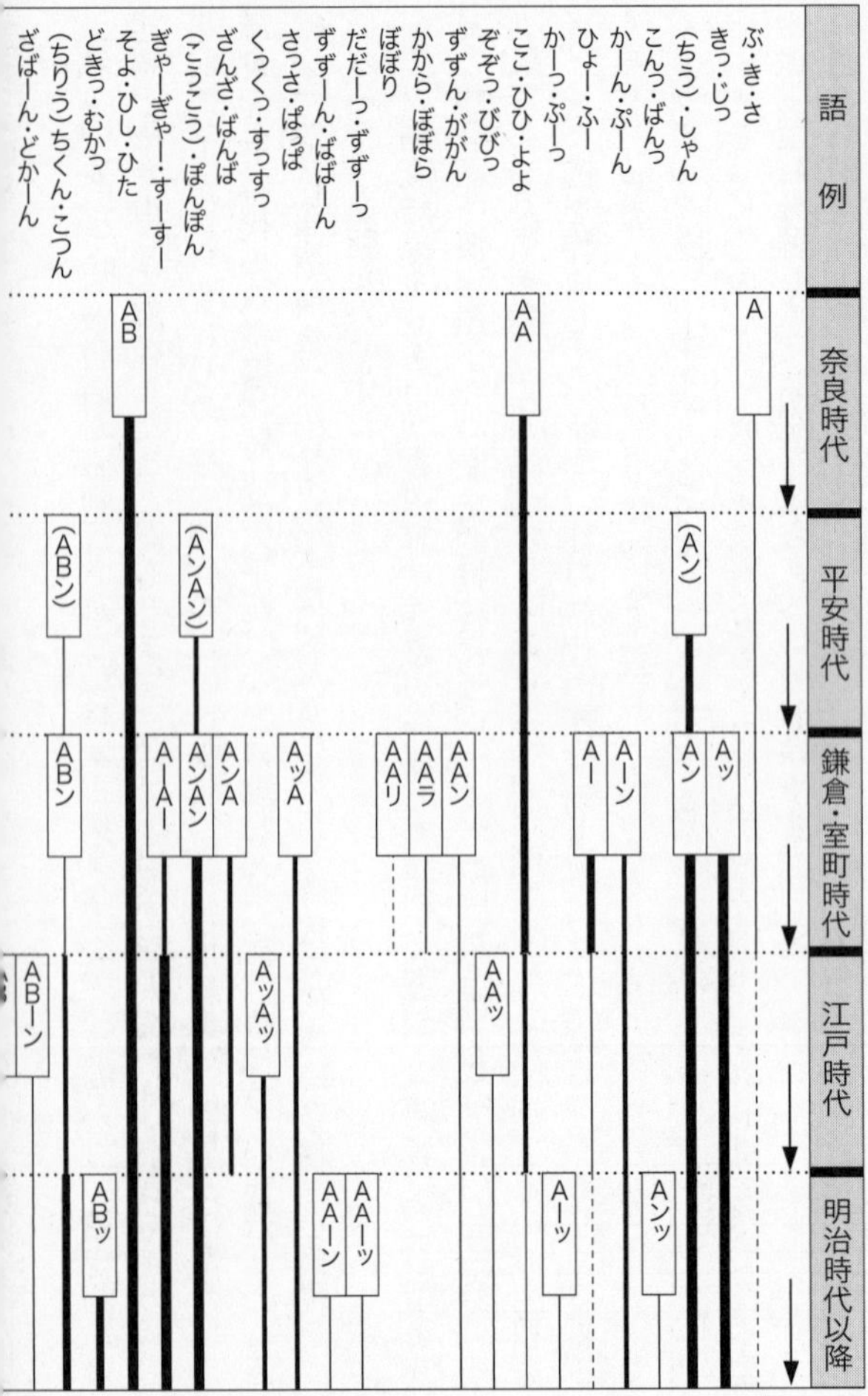

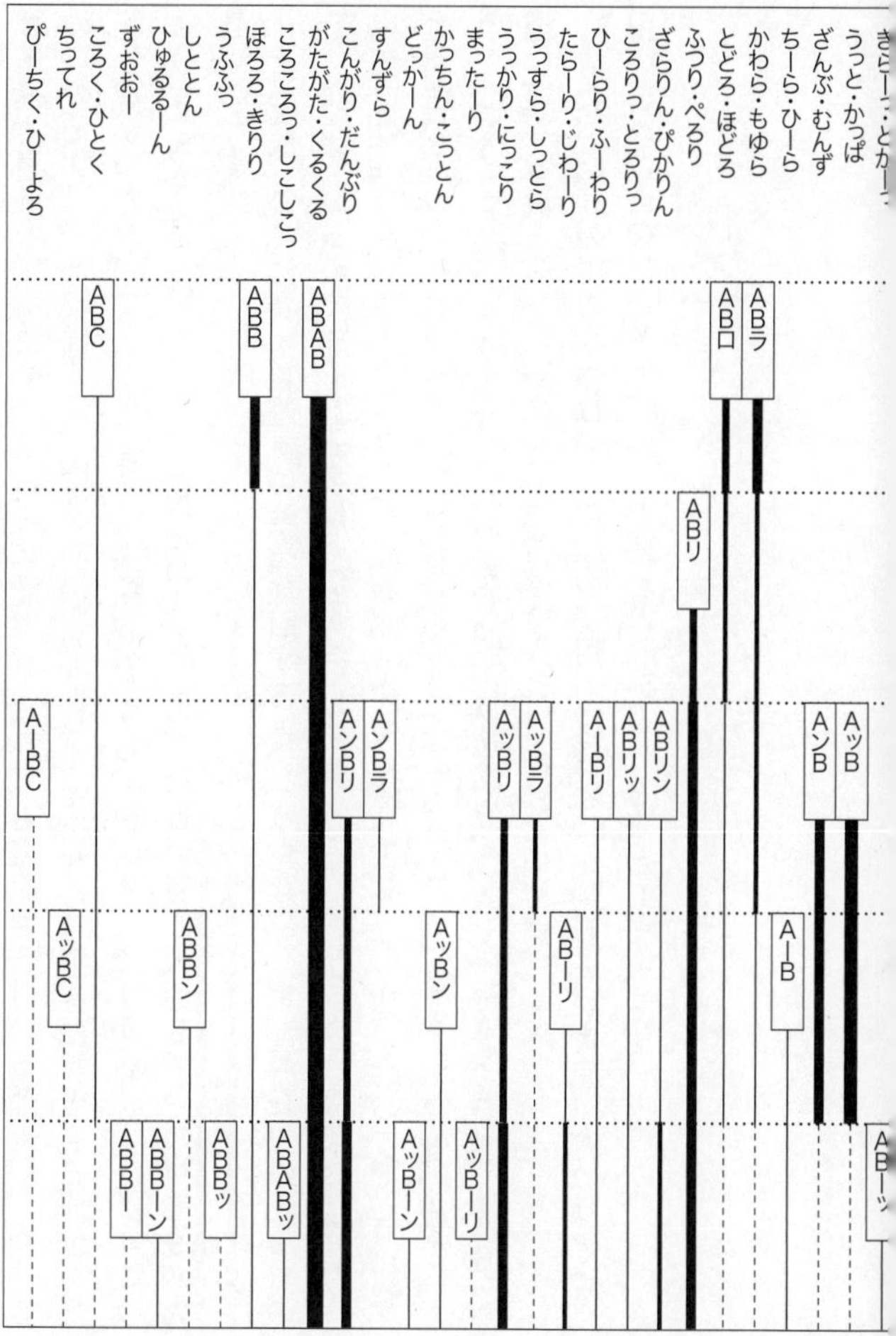
うっと・かっぱ
ざんぶ・むんず
ちーら・ひーら
かわら・もゆら
とどろ・ほどろ
ふつり・ぺろり
ざらりん・ぴかりん
ころりっ・とろりっ
ひーらり・ふーわり
たらーり・じわーり
うっすら・しっとら
うっかり・にっこり
まったーり
かっちん・こっとん
どっかーん
すんずら
こんがり・だんぶり
がたがた・くるくる
ころころっ・しこしこっ
ほろろ・きりり
うふふっ
しととん
ひゅるるーん
ずおおー
ころく・ひとく
ちってれ
ぴーちく・ひーよろ
ABラ
ABロ
ABAB
ABB
ABC
ABリ
AッB
AンB
ABリン
ABリッ
AーBリ
AッBラ
AッBリ
AンBラ
AンBリ
AーBC
AーB
ABーリ
AッBン
ABBン
AッBC
AッBーリ
AッBーン
ABABッ
ABBッ
ABBーン
ABBー

擬態語を意味しています。これらの語では、「う」と表記されている部分が、くせものなのです。平安時代では、撥音表記が確定していません。撥音に該当する部分を表記しなかったり、「む」や「う」で表記したりしています。ですから、「ちう」「こうこう」「ちりう」の「う」が、現在の「ん」の音に近い音を表わしていた可能性が大きいのです。

それに、ここに属する個々の語を検討すると、「う」の部分は、現在では「ん」の音になっているのです。たとえば、「ちう」は、矢が刀の鞘《さや》に当たって跳ね返る音で、現在では「ちん」。「こうこう」は、狐の鳴き声で、現在では「こんこん」。「ちりう」は、金属性のものが触れ合って立てる音で、現在では「ちりん」。ですから、平安時代の「ちう」「こうこう」「ちりう」などの擬音語・擬態語を、「Aン」「AンAン」「ABン」型に連なる形として、表に（　）付きで入れておいたのです。

また、図3の線の太さは、その型の使用の度合いに比例しています。太いほどよく用いられ、点線になると、あまり使われないことを表わしています。

「ＡＢＡＢ」型が日本代表

さて、図3をじっと眺めていると、いろんなことが分かります。第一に、「ＡＢＡＢ」型は、現代のみならず、ずうっと時代を通じて頻用されてきていることです。「ＡＢＡＢ」型は、まさに日本の擬音語・擬態語の最も典型的なかたちなのです。

奈良時代にも、木は「さやさや」と音をたて、春の日は「うらうら」とのどかに過ぎ、人は鼻汁を「びしびし」と音をたててすすり上げ、楽しそうに「ゑらゑら」と笑い興じているんです。語そのものは、今は廃《すた》れてしまったものもありますが、「ＡＢＡＢ」という型そのものは一位です。

平安時代にしても、「すくすく」「そよそよ」「つやつや」「めらめら」「ほろほろ」などの「ＡＢＡＢ」型の語が、擬音語・擬態語の全種類数の半数までを占領し、断然トップです。具体的な語としては、「つぶつぶ」（肉付きのいい様子）・「あざあざ」（目が覚めるほどの美しい様子）などと、現代には伝わらなかった語も含まれていますが、「きらきら」「さらさら」「ふさふさ」などと現代と共通する語が多くを占めています。

鎌倉・室町時代にしても、同じこと。「ＡＢＡＢ」型は、「いらいら」「うろうろ」「がたがた」「ごそごそ」「ぴかぴか」と現代と共通の語を多く含み、かつ全種類数の四割を占めています。江戸時代も同様です。［ＡＢＡＢ］型は、まさに日本の擬音語・擬態語の中枢を形成しているかたちなのです。

ある時代だけに栄えた語型

一方、ある時代に隆盛を誇った語型も存在しています。たとえば、［ＡＢＢ］型。この型は、奈良時代にはよく見られるタイプです。「くるる」「しのの」「しほほ」「しみみ」「つらら」「とをを」「はらら」「やらら」「ゆらら」など。これらの語は、平安時代以後は「くるくる」「しなしな」「しほしほ」「はらはら」などと、［ＡＢＡＢ］型に吸収されていってしまったものと思われます。平安時代以後、［ＡＢＢ］型は「ほろろ」「たわわ」などの一部の語に残っただけで、あまり使われない語型になってしまいました。

また、鎌倉・室町時代には、数はあまり多くはありませんが、［ＡＡラ］［ＡッＢラ］［ＡンＢラ］という、語末に「ラ」をとる型が用いられていることに特徴があります。たとえば、乱れていたり毛羽立《けばだ》っていたりする様子は、「ぼぼら」。「からから」笑う様子は、「かから」。また、現在なら、「しっとり」「うっとり」「さっくり」というところを、鎌倉・室町時代では、「しっとら」「うっとら」「さっくら」です。穢《けが》れなくすがすがしく感じられる様子は、「すんずら」。これらの語型は、鎌倉・室町時代に突然現れ、消えてしまった命の短い語型です。

また、鎌倉・室町時代から江戸時代にかけては、「AッB」や「AンB」が目立って使われていたことが分かります。とりわけ、「AッB」型の語は多く、「うっと」「かっぱ」「がっぱ」「ざっく」「さっぱ」「すっぱ」「ずっぱ」「はった」「むっさ」「むった」「ひっし」と続きます。「AンB」型の語としては、「ざんぶ」「たんぶ」「たんぢ」「だんぶ」「むんず」など。これらの語型は、明治以降にはわずかに残存しているだけで、多くは、「AッBリ」「AンBリ」型に吸収されていきました。「うっとり」「ざっくり」「さっぱり」「すっぱり」、あるいは「ざんぶり」「だんぶり」などというぐあいに。

「ラ」「ロ」から「リ」へ

さらに語末に注目してみると、面白い現象が指摘できます。語末には、「ッ」「ン」「ー」が活躍していることは、既に見てきましたが、もう一つラ行音が活躍しています。この語末のラ行音が、奈良時代には「ABラ」「ABロ」に見るように「ラ」「ロ」のみで、「リ」の型はありません。

ところが、平安時代になると、「ABリ」型が現れ、語末に「リ」が用いられるようになります。鎌倉・室町時代では、語末に「ラ」「ロ」「リ」のくる語型が並存していますが、次第に「リ」のつく語型が多くなり、勢力が増してきています。

江戸時代以降では、「ラ」「ロ」のつく語型の擬音語・擬態語は、化石的に残るだけになり、もっぱら「リ」のつく語型が活躍するようになり、現在に至ります。

口の開き方の広いのんびりした「ラ」「ロ」から、口の開き方が少なく鋭い「リ」へという変化の跡は、人間社会のあり方の象徴のようにも思われます。

擬音語・擬態語の語型は、こうして時代を通じて一貫している普遍の部分と、変化してやまない部分とをあわせもちつつ、歴史を紡いでいるのです。

(3)擬音語・擬態語の寿命

宝庫は『今昔物語集』

擬音語・擬態語は生まれては消えてしまう語だと思われています。流行語と同じだと言うんですね。でも、本当にそうなんでしょうか？　私は、前からこのことを確かめたくて仕方がありませんでした。

いったい、擬音語・擬態語はどのくらいの寿命をもっているのだろうか？　たとえば、一〇〇〇年くらい経つと、すっかり入れ替わって一〇〇〇年前の擬音語・擬態語は影も形もなくなってしまうのでしょうか？　流行語だったら、一〇〇〇年と言わずに、三〇年もすれば、きれいさっぱり忘れ去られてしまいます。

そこで、一〇〇〇年とまではいかないのですが、九〇〇年前の『今昔物語集』という説話集に見られる擬音語・擬態語を調べ、それが現在ではどうなっているのかを明らかにして、この問題に一応の解答を出すことにします。

『今昔物語集』をなぜ選んだかというと、それは、この作品が平安時代としては珍しく擬音語をふんだんに使用しており、この手の言葉の宝庫だからです。現在から見ると目を見張るような擬音語・擬態語に出会えます。たとえば、「エブエブ」。こんな文に出てきます。原文は、漢字カタカナ交じり文です。読みやすさを考えて、ここでは漢字ひらがな交じり文になおして示します。ただし、擬音語・擬態語だけは原文通りの表記にしておきます。

「故別当《こべつたう》の肉村《ししむら》なれば、吉《よ》きなめり。此《こ》の汁飲《しるす》れよ」と妻《め》に云《いひ》て、愛し食《くひ》けるに、大きなる骨、浄覚《じやうかく》が喉《のむど》に立《たち》て、エブエブと吐迷《はきまどひ》ける程に、骨不出《いで》ざりければ、遂《つひ》に死《しに》けり。　　　　(『今昔物語集』巻二〇第三四話)

浄覚とは、強欲非道な坊さんの名前。彼は、あるとき不思議な夢を見ました。死んだ父が生前の悪行で大鯰《おおなまず》になってしまったから、大鯰を見つけても食べないでほしいと命乞いをするんです。ところが、浄覚は、夢の告げなど無視して、見つけた大鯰をぶつ切りにして鍋に入れて煮て腹いっぱいに食べました。「うまい鯰だ。おまえもこの汁をすすってごらん」などと妻に言っているうちに、喉に鯰の骨がつきささり、「エブエブ」と吐きもだえ苦しみ、遂に死んでしまったという話。

話そのものは、なんとも凄《すさ》まじいものですが、「エブエブ」という擬音語に目が奪われます。現代語にはないからです。また、平安時代のほかの作品には見られず、『今昔物語集』だけが記録してくれているのです。恐らく、当時においてはさほど珍しい擬音語というわけではなく、あまりにも卑俗な言葉なので、他の作品では使用しなかっただけだと察せられます。というのは、現在でも嘔吐《おうと》の音は「ゲエゲエ」とか「ゲブゲブ」で、「エブエブ」に一脈通じる語を一般に使用しているからです。

こんなふうに、『今昔物語集』は、当時存在する擬音語・擬態語を平安時代のどの作品よりも豊かに記録している貴重な作品なのです。ちなみに『今昔物語集』の成立は、平安末期、西暦で言えば一一〇〇年頃。

さて、『今昔物語集』を調査すると、どんな擬音語・擬態語が見られたのでしょうか？

そこに見られる擬音語・擬態語

まず、『今昔物語集』に出現する擬音語・擬態語の種類をすべて列挙してみます。

傍線の下には、その意味も記しておきましたから、現在と比較しながら、眺めてください。意味の下の（　）内は、その意味で使用されている用例数を表わします。

また、「声」を写した擬音語か、「物音」を写した擬音語か、「状態や様子」を写した擬態語かに区別して並べておきます。

これらの語を眺めていくと、化け物が笑ったり、鬼を蹴飛《けと》ばす音がしたり、大蛇と大ムカデの食い合う音がしたり、犬の悲鳴が聞こえたりで、平安末期の荒々しい世界の物音が聞こえてきます。やがて訪れる武士の時代を予兆するかのように。

（1）声を写した擬音語
①　イガイガ――赤子の泣き声（1例）
②　カカ――化け物の高笑いの声（1例）
③　行《ギヤウ》――犬の悲鳴（1例）
④　コウコウ――狐の鳴き声（5例）

（2）物音を写した擬音語
⑤　エブエブ――嘔吐の音（1例）

⑥　ガサ――人がおびえてはね起きる音（1例）
⑦　カラカラ――空《から》の鐙《あぶみ》がたてる音（1例）・すさまじい喧嘩《けんか》の音（1例）
⑧　キシキシ――大蛇が人間の足に巻きつきしめつける音（1例）
⑨　ギ――宝倉《ほくら》の扉が開く音（1例）
⑩　コソコソ――隙間《すきま》から板がひそかに入ってくる音（1例）
⑪　コホロ――鞍櫃《くらひつ》の蓋《ふた》が少し開く音（1例）
⑫　ザブザブ――食物を器から口にかきこむ音（1例）
⑬　ザブリザブリ――人が川を渡る音（1例）
⑭　サラサラ――算木《さんぎ》を置いたり払ったりする音（2例）・波がうち寄せる音（1例）・大量の芋粥《いもがゆ》をかきまわす音（1例）・蓑《みの》を脱ぐ音（1例）
⑮　サヤサヤ――蓑を置く音（1例）
⑯　ソヨリソヨリ――藪《やぶ》の中で物が擦れ合って出る音（1例）
⑰　チウ――箭《や》が刀の鞘《さや》に当たってはね返る音（2例）
⑱　ツブツブ――鱠を切る音（1例）・馬が水の中を歩む音（1例）
⑲　ツブリ――水の中に飛び込む音（1例）

⑳ドウ――猪が板敷にぶち当たる音（1例）
㉑ハク――物をおろし置く音（2例）・牛が狼を突く音（1例）
㉒ハタ――戸がいきなり閉じる音（2例）・手を打ち合わす音（1例）・鬼を蹴る音（1例）
㉓ハタハタ――爪弾《つまはじ》きの音（1例）
㉔ハタリハタリ――物が鳴る音（1例）
㉕ヒシヒシ――大蛇と大蜈《おおむかで》が食い合う音（1例）・人々が言い合う音（1例）
㉖フツ――蛇が切れる音（1例）・首を食い切る音（1例）・太刀で鬼や亀の首を切る音（2例）
㉗フツフツ――荒巻の縄を切る音（1例）
㉘フツリ――鷲《わし》が蛇を食い切る音（1例）
㉙ブブ――大蜂の羽音（1例）
㉚ホト――掻栗《かいぐり》を食べる音（1例）

（3）状態や様子を写した擬態語

㉛ 急《キキ》──動作が瞬間的になされるさま（27例）・気まぐれに、ある動作を始めるさま（9例）

㉜ 鑭《キラ》──太刀や金色の手が光るさま（2例）

㉝ 鑭々《キラキラ》──日がさしこむさまや物が日に反射して光るさま（3例）

㉞ クルクル（絡々《クルクル》）──鉢が回転しながら飛ぶさま（1例）・糸が次々に操り出されるさま（1例）

㉟ 乱々《クタクタ》──物が萎《な》えるさま（1例）

㊱ 砕々《クダクダ》──たやすく物を砕くさま（1例）

㊲ 散《サ》──動作・作用が一瞬になされるさま（6例）・動作・作用が一度になされるさま（4例）

㊳ サメザメ──涙をしきりに流して泣くさま（5例）

㊴ タソタソ──子供の髪が柔らかくふさふさと波打つさま（1例）

㊵ 段々《ツダツダ》（断々《ツダツダ》）──小さく切れ切れにするさま（4例）

㊶ ツブツブ──余すところなく話すさま（1例）

㊷ ツフ──動作・作用が的確になされるさま（5例）

㊸ツラツラ――血がしたたり落ちるさま（1例）・長々と愚痴《ぐち》をこぼすさま（1例）・滞《とどこお》りなく全てを語り尽くすさま（1例）

㊹ニココ――意味深なほほえみを浮かべるさま（1例）

㊺ノドノド――ゆったりと事を行うさま（1例）

㊻ハラハラ――物が続けて散り落ちたり、人が出入りしたりするさま（14例）

㊼ヒシ――しっかりと物にとりついたり、食いついたり、挟《はさ》んだりするさま（4例）

㊽ヒタ――相手の体に密着するさま（2例）

㊾ヒラヒラ――薄い板が飛んで来るさま（1例）・口から炎や舌が出るさま（2例）

㊿フリフリ――人が高い木から落ちてくるさま（1例）

51ホロホロ――涙を落とすさま（2例）・物がこぼれ落ちるさま（1例）

52ユウユウ――木の枝が揺れ動くさま（1例）

53ユブユブ――身体が腫《は》れたさま（1例）・泥湿地《でいしっち》で、土地が固まらないさま（1例）

以上が『今昔物語集』にみられる擬音語・擬態語。五三種類あります。カタカナ書きと漢字書きとが混じっていますが、もとの『今昔物語集』の表記どおりにしたためです。

これらをざっと眺めても、「カラカラ」「コソコソ」「キラキラ」「ホロホロ」などは、現在でも使っていますから、九〇〇年経っても受け継がれている語があるのです。つまり、すべての擬音語・擬態語が消え失せてしまうのではなく、どうやら相当数の語が現在まで継承されていることが分かります。

では、九〇〇年経った現在、どのくらいの語が消えずに寿命を保っているのでしょうか？　少しきちんと検討してみましょう。

五三%は、現代まで継承

すでにあげた五三種の擬音語・擬態語のうち、現代まで残っている語をピックアップしてみます。すると、次の二三種の語は、そっくりそのままの形で現在に至っているとみなしていいですね。私たち現代人は、いずれの語も使っていますから。それに、現代の擬音語・擬態語辞典にも掲出されていますから。
⑥「ガサ」⑦「カラカラ」⑧「キシキシ」⑩「コソコソ」⑫「ザブザブ」⑬「ザブリザブリ」⑭「サラサラ」⑮「サヤサヤ」⑯「ソヨリソヨリ」㉒「ハタ」㉓「ハタハタ」㉔「ハタリハタリ」㉕「ヒシヒシ」㉜「鑭《キラ》」㉝「鑭々《キラキラ》」㉞「クルクル（絡々《クルクル》）」㉟「乱々《クタクタ》」㊳「サメザメ」㊻「ハラハラ」㊼「ヒシ」㊽「ヒタ」㊾「ヒラヒラ」(51)「ホロホロ」

この他、④「コウコウ」、⑰「チウ」、⑳「ドウ」は、どうでしょうか？　一見、現代と異なる語のように思われます。けれども、「擬音語・擬態語のかたち」の章で述べたように、「ウ」と表記されている部分は、実際には現在の「ン」に近い音を表わしていた可能性が高いのです。当時は、撥音「ン」の表記が確定していませんから、何も書かなかったり、あるいは「ウ」や「ム」で代用表記していたのです。それに「コウコウ」は狐の鳴き声ですから、実際には「コンコン」の語を表わしていると考えるのが自然です。「チウ」は、箭《や》が刀の鞘《さや》に当たってはね返る金属的な音で、これまた「チン」を表わしていると考えた方がいい。最後の「ドウ」は、猪が板敷にぶち当たる大きな音で、実際には「ドン」を表わしていると考えるのが自然です。

とすれば、「コウコウ」「チウ」「ドウ」と表記された語も、実際には「コンコン」「チン」「ドン」の語を表わしているのであり、現在にそのまま継承された語と考えていいですね。

では、③の犬の悲鳴を写した「行《ギヤウ》」はどうでしょうか? 鬼と思える奇怪な姿の動物を、皆恐れて逃げ回っていました。ですが、なかには落ち着いた強い男もいるもので、その怪物を蹴りあげました。すると、盥《たらい》をかぶったただの犬であることが判明して一件落着、といった話に出てくる擬音語。バカな犬で、盥に頭を突っ込んだら、抜けなくなってしまい、あがいていたのです。「行《ギヤウ》」は、男に思い切り蹴りあげられた犬の悲鳴。「ギヤウ」も、「ギャン」に近い音を表わしていると考えられます。とすると、「行」も、現在に通じる語と見られます。

また、52「ユウユウ」は、問題のある語。というのは、古い時代の作品は、印刷されたものではなく、書写されたものです。書き写されていくうちに誤りが生じます。木の枝の揺れ動く様子を表わす「ユウユウ」は、「ユラユラ」の写し誤りの可能性が高いのです。「ウ」の字と「ラ」の字は似ています。写し違える確率はきわめて高い。事実、この箇所には異文があり、「ユラユラ」の本文をもつものがあります。さらに、平安時代の他の作品を調べてみると、「ユウユウ」の語は見られませんが、「ユラユラ」の語は多く見られ、いずれもものの揺れ動く様子の形容です。ですから、「ユウユウ」は「ユラユラ」の誤写と考えられ、とすれば、これも現在に継承された擬態語になります。

以上が現代までほぼそのままの形で生き残った擬音語・擬態語です。二八種類になります。つまり、五三％の語は、九〇〇年を見事に生き延びていることになります。

さらに、㉛「急《キ》」、㊲「散《サ》」、⑨「ギ」、はどうでしょうか？　これらの語は、たとえば、こんなふうに用いられています。

其《そ》の妻《め》奇異《あさまし》く臭き尿《ゆばり》を散《さ》と馳懸《はせかけ》たりければ、夫　臭さに不堪《たへ》ずして　打免《うちゆるし》たりける際《あひだ》に、

（『今昔物語集』巻二七第三九話）

奥さんが、旦那さんにおしっこをひっかける、ちょっと考えられない行為です。実は、この奥さん、人間ではなく、狐がなりすましていたのです。それを見破った旦那さんに捕まえられると、奥さんに化けた狐が臭い尿を「散《サ》と」ひっかけて逃げ出したのです。「散《サ》と」は、現在では「さっ（と）」と促音「っ」の入った形で用いています。

「急と《キ》」も、現在では、「きっ（と）」と促音の入った形で用いています。「ギ」は、重い扉がきしむ音をたてて少し開く音を写したものです。私たちは、「ギー」と長音化して用いています。

擬音語・擬態語の語型が促音化・長音化の傾向をたどって推移してきていることは、「擬音語・擬態語のかたち」の章で述べました。これらの「急と《キ》」「散と《サ》」「ギと」の語も、そうした史的推移をたどって、現在に継承された擬音語・擬態語です。とすると、少し形を変えてはいるものの、マクロ的な視点からみれば現代に受け継がれた語に入れても、さほど強引ではありません。

これらの三種の語を加えると、三一種の語が現在まで継承されてきていることになります。百分率にすると、五八％。つまり、六割近くの擬音語・擬態語は、現代まで寿命を保っているのです。

消えた擬音語・擬態語

では、消滅した擬音語・擬態語とは、どんなものでしょうか。私たち現代人の使わない擬音語・擬態語とはどんなものなのでしょうか？　まず、それらの語を列挙してみます。

①「イガイガ」②「カカ」⑤「エブエブ」⑪「コホロ」⑱「ツブツブ」⑲「ツブリ」㉑「ハク」㉖「フツ」㉗「フツフツ」㉘「フツリ」㉙「ブブ」㉚「ホト」㊱「砕々《クダクダ》」㊴「タソタソ」㊵「段々《ツダツダ》（断々《ツダツダ》）」㊶「ツブツブ」㊷「ツフ」㊸「ツラツラ」㊹「ニココ」㊺「ノドノド」㊿「フリフリ」53「ユブユブ」

これらの語には、現代語でもそれに近い語形で表わしている場合もあれば、現代語からはかけ離れていてちょっとその意味が想像できない場合もあります。

たとえば、⑱「ツブツブ」のうち、鯰を切る音であれば、現代語では「ブツブツ」で表わしています。語順を逆さにしただけです。また、同じ⑱「ツブツブ」でも、馬が水の中を歩く音であれば、現代語では「ヅブヅブ」と濁音化しただけで十分使えます。

水に飛び込む音「ツブリ」も、現代語では「ヅブリ」と濁音化しただけです。首を食いきる音・太刀で鬼や亀の首を切る音・大蛇の胴体がちぎれる音を表わす「フツ」も、鷲が蛇を食いきる音「フツリ」も、荒巻の縄を切る音「フツフツ」も、現代語で言うとすれば「ブツ」「ブツリ」「ブツブツ」と語頭を濁音にしただけで使えます。さらに、小さく切れ切れにするさま「段々《ツダツダ》（断々《ツダツダ》）」も、現代では「ヅタヅタ」と濁点の打ち方を変えただけで使えます。大蜂の羽音「ブブ」は、現代なら「ブンブン」「ブーンブーン」。ここいらまでは、現代には消えてしまっているとはいえ、少し考えると、近い語形の存在が確認され、現代語とのつながりが感じられます。

でも、赤ん坊の泣き声「イガイガ」あたりになると、うーん、現代語とは違う、新鮮だという印象になります。けれども、「イガイガ」は、「（1）擬音語・擬態語に魅せられる」の章でもとりあげましたが、平安時代には赤ん坊の泣き声として、よく登場します。一般的だったんですね。『今昔物語集』以外にも、『宇津保物語』『栄華物語』などでも赤ん坊が「イガイガ」と産声をあげて誕生してきています。「イガイガ」「イガ」の語は、実は現在でも方言に残っていて、赤ん坊をそう呼んでいるのです。泣き声からきた呼び方です。「イガーイガー」としてみると、現代の赤児の声「オギャーオギャー」に近くなり、納得しやすくなります。

鞍櫃《くらひつ》の蓋を密《ひそ》かに開ける小さな音「コホロ」、意味深なほほ笑み「ニココ」、についても、「擬音語・擬態語に魅せられる」の章でふれました。「コホロ」は、現代語でいえば、「コトリ」という感じ。「ニココ」は、現代語でいえば「ニコニコ」「ニヤニヤ」

に近い。

53「ユブユブ」も、現代語とは違うという印象をもった語です。こんなふうに使われています。

其時《そのとき》に、年五十計《としごじふばかり》の女の無下《むげ》の下衆《げす》にも非《あら》ぬが、浅黄《あさぎ》なる張単《はりひとへ》、賤《あやし》の袴着て、顔は青鈍《あをにび》なる練衣《ねりぎぬ》に水を裹《つつみ》たる様にて、一身ユブユブと腫《はれ》たる者、下衆《げす》に手を被引《ひかれ》て、庁《ちやう》の前に出来《いでき》たる。(今昔物語集・巻二四第七話)

名医の集まった宴会の席に、五〇歳くらいの、さして下賤《げせん》の者とも見えぬ女が現れました。その女の顔は、黄色みを帯びた青色で、体中が「ユブユブ」と腫れていたのです。はてどうしたのでしょうか? 診断の結果、女は、条虫《さなだむし》に冒されていることが判明。名医の適切な処置を受けて、彼女の病はたちどころに癒《い》えたという話。

現代語では、このような状態に「ブヨブヨ」という擬態語を使います。「ユブユブ」の語は、今でこそ新鮮な響きを持っていますが、室町時代の終わりまでは、ごく普通に使われていた語です。室町末期の『日葡《にっぽ》辞書』にも、「ユブユブト―すっかり固まってはいない物、たとえば牛乳とか泥とかが揺れ動くさま」と説明されているのです。『日

図4　もしや条虫におかされているのだろうか、体中が「ユブユブ」と腫れている。(『病草紙』福岡市美術館蔵　中央公論新社『日本絵巻大成』7巻より)

葡辞書』というのは、ちょっと変わった日本語辞書。宣教師たちが日本語学習のために作ったんですが、三万三〇〇〇語近くの日本語が収録されていて、室町末期の日本語の状況を知るのに、とても貴重な資料になっています。その辞書に「ユブユブ」の語が出ているんですね。

化け物の笑い声「カカ」は、現代語では「ハッハ」。物を勢いよく置く音「ハク」は、現代語では、「バタッ」。搔栗《かいぐり》（「かちぐり」のことか）を食べる音「ホト」は、現代なら「ポリ」。物を砕くさま「砕々《クダクダ》」は、現代語なら「グチャグチャ」。子供の髪が柔らかくふさふさした様子「タソタソ」は、現代なら「フサフサ」、動作・作用が的確になされるさまを意味する「ツフ」は、現代語なら「ピタリ」。血のしたたり落ちるさまや長々と愚痴をこぼすさま「ツラツラ」は、現代語なら「タラタラ」。滞りなく全てを語り尽くすさま「ツラツラ」は、現代語では「スラスラ」。ゆったりと事を行うさま「ノドノド」は、現代語なら「ノロノロ」。人が高い木から落ちてくる様子「フリフリ」は、現代語なら「ヒラヒラ」に近い。

これらが現代には消えてしまった擬音語・擬態語です。一見ひどく異なる語のように見えたものでも、現代語との対応を考えていくと、意外に共通する音を含んでいたりすることに気づきます。

流行語ではありません

　こんなふうに九〇〇年前の『今昔物語集』に見られる擬音語・擬態語の追跡調査を丹念に行ってみると、五割から六割近い語が現代まで継承されていることが明らかになりました。

　擬音語・擬態語は、泡沫《ほうまつ》のごとき語群だといわれ、生まれてはすぐに消える流行語と同様にとらえられることもありますが、決してそんなことはないのです。促音・撥音・長音などが入っているか否かといった小さな違いを問わずに、マクロ的に見れば、六割近くの語は、永続的な寿命の長い語なのです。

　一方、時代の波に洗われ消滅してしまった擬音語・擬態語の中には、現代の眼からみると、実に新鮮な表現効果を持っているように感じられる語があります。けれども、それらにしても検討してみると、その時代にはかなり一般的な語として通用していることが多いのです。

　また、現代語と落差のあるように見える語でも、現代語と部分的な音の共通性をもっていてつながりを感じさせる場合もありました。

擬音語・擬態語は、決して流行語ではないのです。流行語の側面を持つのは、次章で述べるようなミクロ的視点から眺めてみたときだけなのです。

（4）擬音語・擬態語の変化

郷《きょう》愁《しゅう》の音

ほめれば目を緑色に点滅させ、ピロピロピーと鳴く。

（「朝日新聞」・二〇〇一年一月一日）

「ピロピロピー」と鳴いているのは、何でしょうか？　エンターテイメントロボット犬「アイボ」です。だから、「ワンワン」とは鳴かずに「ピロピロピー」と鳴くのです。

私の若い頃と比べると、最近は耳にする音が随分変わってきたなあと感じています。

そこで「（2）擬音語・擬態語のかたち」の章で取り上げて調査した現在の新聞・雑誌を資料にして、三〇年前の擬音語・擬態語と比較してみました。

現在にだけあって三〇年前には見られない擬音語・擬態語、逆に三〇年前にだけあって現在には見られない擬音語・擬態語を比較していくと、実に面白い発見があります。つまり、小さな違いをもすべて変化としてとらえるというミクロ的視点から擬音語・擬態語をとらえてみると、肉眼では見えなかったものが顕微鏡では見えるように、変化を顕著にとらえることができます。

三〇年前の資料としては、天沼寧《あまぬまやすし》編『擬音語・擬態語辞典』(東京堂出版)を使いました。この辞典は、一九七二年三月から翌年三月末までの新聞を中心に調査して作られているので、比較にもってこいなのです。

まず、三〇年前に見られて現在は使われていない擬音語に注目してみます。すると、そういう擬音語は、現在から見ると、郷愁《きょうしゅう》を誘う音ばかりです。たとえば、

雨戸というものは、苦労のたね。戸袋からやっと引き出したら敷居が走らず、ガタピシ、ガタピシ。(「毎日新聞」・一九七二年七月一一日)

三〇年前は、木造建築が多いですから、建て付けが悪くなりやすい。ホント、雨戸を開けるのにも苦労しました。

ガタピシと鳴る階段をあがって

（「朝日新聞」・一九七二年九月一四日）

というのもあります。

玄関のドアにしても、開閉のたびに「ギィーッ」と鳴っています。いずれも木造の安普請《やすぶしん》を象徴する擬音語ですが、どこか胸の奥底に訴えかける懐かしい音です。ああ、古き日本、という気持をふつふつと湧き上がらせます。現在は、三〇年前よりも豊かになり、古い木造家屋は激減し、窓や雨戸はアルミサッシでスムーズに開きます。「ガタピシ」「ギィーッ」の語を使う必要がなくなったんです。

また、三〇年前には、新幹線は開通していましたが、まだ普通電車も人々の関心をひきつけています。電車は、「ガタンガタン」「ゴットンゴットン」「ゴトンゴトン、カタンカタン」と牧歌的な擬音語で描写されてます。のみならず、三〇年前には都心でも、まだ馬車が走ることもあったんですね。こんな例があります。

そこのけ、そこのけ、ラッシュの都心を二頭立ての馬車がカッポカッポ。

（「朝日新聞」夕刊・一九七二年七月三一日）

むろん、当時でも珍しいから新聞にとりあげられたのでしょうが、現在では馬車の音など忘れてしまったほどです。三〇年前には下駄をはいている人もおり、「カランコロン」の音も見られます。

日常生活でも、三〇年前の茶の間には、機械時計が「カッチンカッチン」「チクタク」の音をたて、庭には鋸《のこぎり》を引く音「ギコギコ」が響き、ガラス瓶の割れる音や窓ガラスの壊れる音「ガッチャーン」を耳にすることが多かったのです。

現在は、磁力で動く時計になって時を刻む音は小さくなり、電動鋸になって音も変わり、瓶はプラスティック製ボトルや紙パックに変わり、落としても鈍い音がするだけで割れはしません。また、子供たちが外で窓ガラスを割る率の高い草野球などすることもなくなってしまいました。

機械音の増加

代わりに、現代の物音を写す言葉には、冒頭のような電子音をはじめとする機械音が多く、三〇年前と雲泥の差があります。まず、携帯電話の操作音。

アイコ（一六）は、二階へかけ上がった。床に座り、バッグから携帯を出す。ピッ。十六人からメール。

（「朝日新聞」夕刊・二〇〇一年一月六日）

テレビなどのリモコン操作の音も、「ピッ」。携帯電話への着信の合図音は、「ピピッ」。空港にある金属探知機は「ピピピ」と電子音で反応します。

Fボタンを押すと必ず「チロリン」というベルの音が鳴る。

（「日刊スポーツ」・二〇〇〇年一二月六日）

「チロリン」は、松虫の声ではなく、デジカメの発する電子音。キッチンも電子音に満ちています。

「レンジでチン」の安かろうまずかろうの時代は一昔前。

（「日刊スポーツ」・二〇〇〇年一二月一二日）

三〇年前にも「チン」の語は見られますが、意味が違っています。「時計がちんと一時を打った」「さあ、おはなをちんしましょう」が、三〇年前の「ちん」の意味です。三〇年前には電子レンジがありません。だから、その音を「チン」で表わすこともないのです。いまや電子レンジは台所の必需品。「チン」だけで電子レンジに入れることまで意味します。

ラップして、ジップして、フリージングしてチンよ。

（『日本工業新聞』・二〇〇〇年一二月一日）

の時代なのです。

エレベーターも、閉まりかけた扉が、何かにぶつかってしまうと、「チーン！」と警告音を出して再び操作のしなおしを指示します。玄関にある呼び鈴も、図5にあるように「ピンポン」「ピンポーン」という電子音を響かせています。

パトカーや救急車の鳴らす電子サイレン音は「パーポー」「ピーポーピーポー」「ピーポ」。また、ゲームでは、銃が「バキューン、バキューン」と電子音を響かせています。

図5　「ののちゃん」（「朝日新聞」二〇〇〇年一二月四日掲載）©いしいひさいち

『バキューン』といえば倒れる犬」

（「朝日新聞」夕刊・二〇〇〇年一二月五日）

とあって、ペットの犬も、「バキューン」と聞くと、銃に撃たれたまねをして倒れてみせる時代です。

店では、レジが「ジャカジャカチーン」と音を立てて、計算結果の金額をはじき出しています。現在の新しい擬音語は、こんなふうに電子音に大きく色づけされているのです。

さらに、電子音に限らず、現在はさまざまな機械音であふれかえっています。まず、車のエンジン音。

シフトダウンのときはコンピュータが自動的にダブルクラッチを踏んで「クオォン！」と中吹かしまでしてくれて、超気持ちいい。

（『SPA！』・二〇〇〇年一二月二七日号）

「クオォン」は、エンジン中吹かしの音を写す擬音語。セダンは、「ブロロロ」「ブロ

図6「だめんずうぉ～か～」倉田真由美（『SPA!』二〇〇〇年一二月一三日号掲載）

ロロロ」「ヴォンヴォン」とエンジン音を出して道路を駆け巡っています。時には、車のドアを「バム」と閉め、「ブウウ」と走り出す時もあります。バイクの走る音は、「ババババ」（図6）。現在は、三〇年前とは比較にならないほどの車社会。各家庭での車の保有率はかなり高い。私たちは、車のエンジン音に囲まれて寝起きしているのです。

　また、こんな機械音もあります。「ピーピー」「ダダダダーッ」「ダーッ」。「ピーピー」は、補聴器が音を拾う時に起こる機械的な雑音。「ダダダダーッ」「ダーッ」は、散弾式の猟銃音です。電動式の器具の振動音「ウィイーン」「ウィーン」もあります。

さらに、各家庭へはパソコンが普及し始めました。パソコンを操作することは、「カタカタする」という成句になっているほどです。

文房具も変化しました。白板に水性ペンで書き付けます。その音は、「カキカキ」。油性ペンの音は、「キュッキュッ」。そして、生活音の最後にはこんな音。

「がっこん、がっこん」。（「朝日新聞」・二〇〇一年一月三日）

何の音でしょうか？「厚底靴」でエスカレーターを歩く音です。一八センチもある厚底靴も、いまや潮が引くように廃《すた》れてきました。「がっこんがっこん」の言葉も、それと歩調をあわせて消えていきます。

わずか三〇年なのに、時代は音を立てて変化しました。それが物音を写す擬音語に実に見事に現れているのです。

〝笑い系〟が増えた現在

また、私たち人間のたてる声も、三〇年前よりも笑い声が目立っています。

ごちそう勝手便が届いた。開けてみるとウヒヒヒヒヒ。シャモ肉だ。

（『日本経済新聞』夕刊・二〇〇〇年一二月一四日）

美味《おい》しいものが届き、舌なめずりしたくなるような感激の笑い声が、「ウヒヒヒヒヒ」。この他、少し品の落ちる笑い声としては、「エヘヘ」「ヘヘヘー」「ウヒヒヒ」「ウヒョウヒョ」「ケッケッケ」「ヒヒヒヒ」。

また、女の微妙な笑い声としては、

えりかちゃんはうふふふうーと笑った。

（『SPA!』・二〇〇〇年一二月二〇日号）

「ふふっ」「うふふっ」「フフ」「フフフフフフ」もあります。さらに、思うところある女の不気味な笑い声は、「クックク」。中年女性の勝ち誇ったような笑い声もあります。「ホホホ」「ホホホホ」。

また、大口あけて笑う声には、多くの例があります。

「ワシは世界一の借金王じゃい、アハハハ…」

（『週刊現代』・二〇〇〇年一二月九日号）

この他、「ワッハッハ」「ワァーッハッハ」「ワーハッハ」「アッハッハ」「アハハ」「アハハハ」「ハハハハ」「ハハハハハ」「ワハハ」「ワハハハハ」があります。外国人の笑い声には、「HAHA」とローマ字表記で工夫されたものまであります。

以上にあげた笑い声は、不思議なことに三〇年前の新聞・雑誌を資料にした『擬音語・擬態語辞典』には掲載されていないのです。人間は昔から笑っているのに、なぜ、現在の新聞・雑誌に限って笑い声が頻出するのでしょうか？

一つに現在の健康志向の風潮との関係が考えられます。実は、右に列挙した笑い声のうち、「エヘヘ」「ワッハッハ」「ワァーッハッハ」「ワーハッハ」「アッハッハ」は、意識的に笑うことによって免疫力を高める努力をしている現代人の紹介記事に出てくいている笑い声です。健康でありたい一心で、現在の私たちは、笑うことにすら努力をしています。現代は、笑い奨励の時代なのです。

「ビビビッ」「プッツン」「ウルウル」

次に、私たちの気持を表わす擬音語・擬態語に注目してみます。すると、三〇年前のものは、「ガクリ」などの落胆気分を表わす語が多く、楽しく明るい気持を写す語に乏しいことに気づきます。また、表わされている気持も、「ムカッ」などの自閉的なものが多いのです。

それに対して、現在だけに見られる語は、楽しいものが少なくない。また、表わされる気持は、積極的であらわで激しいものが目立ちます。攻撃性を帯びていることすらあります。たとえば、

近ごろドックンドックンしたことあるかい？

（『週刊現代』・二〇〇〇年一二月九日号）

胸のときめく気持は、「ドックンドックン」。心臓から血液の「どくどく」流れる体内感覚を強調して出来た語。三〇年前から現在まで使われている「どきどき」などよりも、激しくどぎついときめきです。恋のテレパシーも体内から過激にやってきます。

「会ったとき、体と心でビビビッときたんです。」

（「日刊スポーツ」・二〇〇〇年一二月六日）

松田聖子の名言で有名になった「ビビビッ」。電気的に訪れる恋のインスピレーションの形容。第一印象で霊感のように訪れる恋は、「ビビッの恋」です。

また、鼻歌でも歌いたいような浮かれた気分は、「ルンルン」です。

いかにもルンルン気分といった感じで、「きょうは紅白の打ち合わせなの」とか「今年の衣装はね…」とかうれしそうに飛び回っています。

（『週刊現代』・二〇〇〇年一二月三〇日号）

さらに、気分が高揚したときは、「パパパパンパーン」という語で表わした例もあります。現在は、こうした明るい気持を表わす語が見られるのに対し、三〇年前には、ほとんど見られません。かろうじて次の例が明るい気持と言えそうなものです。

K君好きの加賀美人。ポーとして住所・氏名を聞きもらしたが、

（「サンケイ新聞」・一九七二年八月二日）

純情さを感じさせるほのかな恋心。現在の激しく電気的な「ビビビッ」とは落差があります。

また、現在では楽しい気持のみならず、表現される気持は概して過激です。たとえば怒り。現在では怒りの感情がむらむらと湧きあがり、自制心を失ってしまった時の気持を「プッツン」という語で表わします。「ムカッ」どころではないのです。

藤島親方の口説きっぷりも、もし美恵子夫人の耳に入ったらプッツンとキレてしまいそうなもの。

（『週刊現代』・二〇〇〇年一二月九日号）

自制していた神経などが体内で切れる音のイメージから、激怒の気持を表わすよう

になったもの。「プッツン」は現在では「キレる」の語を伴わずに用いられても、十分に意味の通じる語になっています。「プッツン！」「プッツンした」と出てきます。

また、現在では、泣きたい気持も涙を浮かべてアピールします。


ようやく二人きりになると、その瞬間から、工藤の目はもうウルウル。場所も選ばず、いきなりガバッと彼の胸に抱きついてきたそうです。

（『週刊現代』・二〇〇〇年一二月九日号）


「ウルウル」「ウルッ」は、「潤《うる》む」からきた擬態語。涙を浮かべる動作ですが、結果として泣きたい気持をも表わします。また、吐きたくなる気分は「オエオエオエ」「オエッ」。実際に嘔吐するのではなく、そうしたいほど嫌な気分であることを表わします。

現在は、このように明るく楽しい気持を表わす語や激しい気持を表わす語の出現に特色があります。これは、遠慮せずに振舞うことを認め始めた現在の風潮と呼応している現象と考えられます。

〝慎み深くゆっくり〟だった三〇年前

行動様式を表わす擬音語・擬態語にも三〇年前と大きな違いがあります。三〇年前は、慎み深くゆっくりした行動様式を表わす語がよく見られるのです。

日曜日は特にごきげん。朝は大びん二本、昼はます酒二杯とざるそば、夜は洋酒をチビリチビリ。（「日本経済新聞」・一九七三年一月一四日）

「チビリチビリ」は、少しずつ、舐《な》めるように飲んで楽しむ様子。豪快さとは正反対の、ささやかな行動を表わす語です。

この他、「チョコチョコ」「チョコナン」「チョコンチョコン」「チョイチョイ」「チョビッ」「チラチラッ」「チョロッ」「チョロリ」があります。いずれも、動作が小刻みにわずかずつ遠慮っぽくなされている様子を表わす擬態語です。

また、音を出さずに密やかに行う動作を表わす擬態語もあります。

稲刈り農婦腰抜かす。地面動きかま首ニュー。

（「朝日新聞」夕刊・一九七三年九月三日）

「ニュー」はニシキヘビが、音もなく鎌首を持ち上げた様子。「ニューッ」「ヌーッ」「ニュッ」の語もあります。いずれも、音の出ない密やかな動作を表わす言葉です。また、動作のテンポが緩やかであることを示す語群も頻出します。

この奇策、功を奏し、ノソノソ出てきたところを逮捕したが、

（「朝日新聞」・一九七二年四月一八日）

「ノコノコ」「ノッシノッシ」「ノソリノソリ」「ノッソリ」「ノッソリノッソリ」「ノラクラ」「ノラリ」「ノロリノロリ」の語も見られます。いずれも動作がゆっくりとなされることを表わす擬態語です。

これらの三〇年前にのみ見られる語は、現在でも忘れ去られたわけではありません。よく知っています。にもかかわらず、出現しないのです。調査資料は、三〇年前と現在とはともに新聞・雑誌であり、大差ありません。とすると、現在では、使用が避けられているのだと考えられます。現在では、遠慮深く音を出さずに密やかにゆったり

テンポで行うという行動様式には価値がおかれていないためですね。

時代は〝過激にすばやく豪快に〟

というのは、現在は、三〇年前とは逆に、いささか過激に手早く豪快に行うことを示す擬音語・擬態語が頻出し、一つの特色となっているからです。たとえば、

絆創膏《ばんそうこう》貼ってても何でも、シャッシャッシャッシャッと担いでいきますよ。

（『週刊現代』・二〇〇〇年一二月九日号）

「シャッシャッシャッ」は、手早く機敏に重いものを担いでいく様子を示す語。さらに過激になると、「ニュースをダダダッと読む」となり、「男たちがドドドーッと雪崩れ込んできた」となります。「ダダダッ」は、ニュースを矢継ぎ早にこなしていく様子を表わす語。迫力あふれるスピード感があります。「ドドドーッ」は、音を伴った速さと迫力を持った行動様式を表わしています。

野球の試合で猛然とホームへ走りこむ音や様子は「ダダダダ」、部屋を勢いよく飛

び出していく音や様子は「ダダッ」、会社に遅刻しそうな時に猛烈なダッシュで走る音や様子は「ダッダッダッ」、最後の格安商品を目指して主婦たちが雪崩れ込むさまは、「ドドドドド」。

また、豪快に動作を行うさまを表わした語には、次のようなものがあります。

このようにアツアツのご飯の上に上半身と下半身の二つに切られた超長身アナゴが並行に並んだのをわしわし食うというのは初めてだった。

（『週刊現代』・二〇〇〇年一二月九日号）

「がしがしと食らいつく」こともあります。三〇年前に、「わしわし」「がしがし」食べたら、顰蹙《ひんしゆく》ものでした。

そんなこんなを、ブッハァーと飲んで忘れるのが、この忘年会の季節。

（『女性自身』・二〇〇〇年一二月一九日号）

「ブッハァー」は、女性が思う存分飲んで酔ったときに吐き出す息を模写した語。「プッ

私の友だちにも
アメリカの大学で本格的に勉強し直したいから
って超一流外資系総合職辞めたのがいるけど
しぱーん
辞表

図7　「だめんずうぉ～か～」倉田真由美（『SPA!』二〇〇〇年一二月二〇日号掲載）

ハァー」もあります。「ブッハァー」には、男と同じ振る舞いの許された開放感と迫力があります。

さらに、女性も、辞表を上役に「しぺーん」とか「しぱーん」（図7）と叩きつけて思いっきりよく会社をやめようとしています。それがかっこいいことなのです。男も「ジャンジャンバリバリ」仕事をこなすのが魅力です。

くしゃみの音も、「ヘックショイ」。従来の「ハックション」のような透明感はなく、濁《にご》って下品で迫力があります。最近では「ヘークッシャンウエー」の言い方まであります。中年女性のくしゃみの音です。くしゃみを表わす擬音語も、迫力を増しています。

これらの新出の擬音語・擬態語は、遠慮せずに、過激にすばやく豪快に行動することをよしとする時代の価値観を反映しているように思われます。

たった三〇年間なのに、顕微鏡をのぞくようにして擬音語・擬態語の動きを微細にとらえていくと、こんなふうに入れ替わっています。入れ替わった擬音語・擬態語は、三〇年間に変化してしまった文化・社会・価値観を鮮明に映し出しています。

ミクロの視点からする擬音語・擬態語の推移の分析は、「流行語」以上に着実に、時代の文化・社会・価値観を解明するのに役立ちます。

(5)掛詞《かけことば》で楽しむ擬音語・擬態語

隠された意味はないのが、ふつう

擬音語・擬態語は、ふつうこんなふうに用います。

膝の上のユウに相談しながら、カラオケのコード表を眺めていると、ばーんと「みどり」のドアが開き、「こんばんわあ」と「どひゃひゃひゃひゃ」という大きな笑い声が、重なって耳にとびこんできた。びっくりして振り返ると、そこには五十がらみの派手な女性二人と、タカコと同年輩と思われる女性二人の四人連れが立っていた。

(群ようこ『挑む女』文春文庫)

場末のカラオケスナック「みどり」での一場面。「ばーん」は、ドアを激しくあける音を写した擬音語、「どひゃひゃひゃひゃひゃ」は、下品な笑い声を写した擬音語、「びっくり」は、驚いた様子を表わす擬態語です。これら擬音語・擬態語には、背後に隠された意味は全くありません。これが、ごくふつうの擬音語・擬態語の用法です。これらの擬音語・擬態語は、生き生きした臨場感を与えることがその役割です。

昔の作品にしたって同じです。たとえば、平安時代には、

辛《から》うじて這《は》ひ乗りにけれど、肱《かひな》つきそこなひて、おいおいと泣き給ふ。

（『落窪《おちくぼ》物語』巻二）

「おいおい」は、泣き喚《わめ》く声を模写した擬音語。現代でも、「おいおい泣く」「おんおん泣く」と言いますから、意味はよく分かります。実際の泣き声を写しとったものであり、何か別の意味が掛けられているわけではありません。

ところが、擬音語・擬態語の中には一風変わった役割を果たすものがあります。語に、もう一つ別の意味を担わせる掛詞式の用法です。こうした掛詞式の擬音語・擬態語については、今まであまり指摘されていませんから、私が集めた用例で楽しんでい

ただくことにしましょう。そして、こういう掛詞式の用法がどういう語に起こりやすいのかを明らかにしておくことにします。

葉ずれの音は、相づちの言葉

穂に出《い》でて　言ふかひあらば　花すゝき　そよとも風に　うちなびかなむ

（『落窪物語』巻一）

男性が女性を口説くために、薄《すすき》につけて贈った歌です。「口に出してあなたを恋しいといったかいがあるなら、薄が風にそよと音を立てるように、あなたが『そよ（＝そうね）』と言って私に靡《なび》いてほしいものです」と、男は女に訴えています。「そよ」は、静かな風にかすかに揺れる葉ずれの音。それに、ふと思い出したり、相づちを打ったりするときに発する感動詞「そよ」を掛けたものです。現代語でいうと、「それ」「そうよ」「そうね」「はい」などにあたる感動詞です。「そよ」という語に、二重の意味を負わせて、重層効果を期待する掛詞式の擬音語です。

風ふけば　楢《なら》のうら葉の　そよそよと　言ひあはせつつ　いづち散るらん
（『詞花和歌集《しかわかしゅう》』巻四）

という歌もあります。「風が吹くので楢の葉がそよそよ音をたて、『そうね、そうね』などと話し合いながら、一体どっちに散っていくのだろうか」という歌。

風に草木のそよぐ音「そよ」「そよそよ」に、感動詞「そよ」「そよそよ」を掛けるのは平安時代から鎌倉時代の和歌の世界の常套《じょうとう》手段になっていて、実にしばしば見られます。でも、残念ながら現代では、感動詞「そよ」「そよそよ」を用いないので、掛詞にすることが出来なくなってしまいました。

このような掛詞の用法は、物音を写す擬音語にはふつうはあまり起こりません。ですから、以上に挙げた「そよ」「そよそよ」は、かなり特殊な存在なのです。

掛詞の用法を駆使しやすいのは、物音を写す擬音語ではなく、以下に述べていくような虫とか鳥とか獣《けもの》といった動物の声を写す擬音語なんです。

鹿の声に思いを託す

鹿の声を聞いたことがありますか？　私は、十数年前の十月下旬、奈良に宿泊したことがあります。鹿の恋の季節でした。雄鹿は、雌鹿を慕《した》って、哀切な鳴き声をあげていました。ピーッ。ピャッ。まるで高い調子の笛の音です。

日本人は、昔から鹿の声に心をよせています。奈良時代の『播磨国風土記《はりまのくにふどき》』では、鹿の鳴き声は「ヒヒ」と写されています。また、江戸時代の松尾芭蕉《まつおばしょう》は鹿の声を聞いてこんな句を詠んでいます。

びいと啼《な》く　尻声悲し　夜の鹿　　（『芭蕉句集』発句編）

鹿の声は「びい」。尻声とは、長く引く声の終わりの部分。「びい」と鳴き、その鳴き声の途切れる寸前の、かすれたような声の調子を「悲し」ととらえたのです。これらの「ヒヒ」「びい」の声は、いずれも鹿の声を直写《ちょくしゃ》した擬音語です。迫真的な効果はありますが、掛詞にはなっていません。鹿の声を写す擬音語を掛詞にするのは和歌の世界です。

ぬれぎぬを　ほすさを鹿の　声聞けば　いつか干《ひ》よとぞ　鳴きわたりける
（『古今和歌六帖』第二）

紀友則《きのとものり》の歌。彼は、物悲しい鹿の声を聞いて、詠みました。「濡れ衣を晴らそうとして鳴く鹿の声を聞くと、『いつか干《ひ》よ（＝早く乾け）』と鳴き続けているよ」。鹿の声は「ひよ」。「干よ」の意味が掛けられています。

さらに、鹿の声は、和歌の世界では、次のような掛詞にもなっています。

秋の野に　妻なき鹿の　年を経て　なぞわが恋の　かひよとぞ鳴く
（『古今和歌集』巻一九）

「秋の野に妻のいない鹿が、毎年ずっと『わたしの恋の成果だよ』なんて、なぜ、鳴いているのだろうか、（妻もいないのに）」と紀淑人《きのよしひと》は詠みました。鹿の声は「かひよ」。「甲斐よ（＝成果だよ）」の意味が掛けられています。「ひよ」という鹿の声に、「か」を冠して、「かひよ」の声をつくり出しました。

「かひよ」という鹿の声は、ウィットに富み、和歌の言葉としての利用価値が高かったのでしょう。伊勢、平中《へいちゅう》、和泉式部《いずみしきぶ》といった当時の歴々の歌人たちが、自分の歌に「かひよ」という鹿の声をとり込んで歌を詠んでいます。

思ふこと　しかだになくは　いとどしく　高きみ山の　かひよと思はん

（『和泉式部集』）

これは、現世利益の稲荷山を目の前にして和泉式部の詠んだ歌。折から鹿が鳴きました。「悩み事がこんなふうに無いならば、大変高い稲荷山の霊験のおかげであると思いましょう」。鎌倉室町時代の歌謡集『田植草紙《たうえぞうし》』にも、

恋《こひ》する鹿は太《ふと》う鳴《な》いて候《さぶら》ふよ　こんよとなくは鹿の子

子鹿の声は、「こんよ」。「来《こ》ん夜《よ》（＝今夜）」の意味を掛けているのだと思われます。雄鹿が雌鹿を慕って鳴くと、「今夜ね」と答えるのは、雌鹿ではなく鹿の子、といった意味でしょう。江戸時代の近松門左衛門『五十年忌歌念仏《ごじゅうねんきうたねんぶつ》』にも、鹿の声が出て

きます。

夫《つま》より便宜音信《びんぎおとづれ》の、声も聞かねば顔も見ず、我は秋鹿《あきしか》　夫《つま》を恋ひ、かいろと啼《な》く

と知らせたや。

音信不通の夫を恋い慕っている妻の耳には、秋の鹿の鳴き声が「かいろ（＝帰れ）」と言ってくれているように聞こえるんですね。

このほか、犬や猫、鼠、狐、馬、牛などの鳴き声を写す擬音語にも、掛詞式のものがたくさんありますが、それらは「第二部　動物の声の不思議」で述べることにします。

「ミウミウ」と「見う見う」を掛ける

虫の音《ね》というと、私たち日本人はすぐに秋の夜長に鳴くコオロギや鈴虫・松虫の音色を思い浮かべます。私は、群馬県で子供時代を過ごしましたが、お年寄りがコオロギの声を聞いて「あれはね、『針させ　綴《つづ》りさせ　針なきゃ　借りてさせ』って鳴い

ているんだよ」と教えてくれました。とても面白く思え、以後コオロギの声を耳にすると、「針させ」の歌に聞こえてきます。調べてみると、「肩させ　裾《すそ》させ　寒さが来るぞ」とか「肩とって　裾させ　裾とって　肩させ」とか「つうつう　つんづりさせ」などと聞く地方もあるのです。

さて、このコオロギの声、実は、随分昔から「綴りさせ」と聞かれてきました。平安時代の『古今和歌集』にこんな歌があります。

秋風に　ほころびぬらし　ふぢばかま　つづりさせてふ　きりぎりすなく

（『古今和歌集』巻一九）

「秋風に吹かれて藤袴《ふじばかま》がほころびたらしい。袴の綻《ほころ》びを『つづりさせ』というコオロギが鳴く」という意味の歌。昔、キリギリスと呼ばれていたものは、今のコオロギ。昔、「鈴虫」と呼ばれていたものは、今の「松虫」。ややこしいのですが、この歌に出てくる「きりぎりす」は、今のコオロギ。「つづりさせ」と鳴くことから、やがてツヅレサセコオロギという名前にもなっていきます。この声の歴史は脈々と受け継がれ、江戸時代にもこんな例があります。

壁のくづれをつゞりさせとなく蟋蟀《こほろぎ》の音にわび、

（北村季吟《きたむらきぎん》『山の井』）

「壁のくづれをつづりさせ」全体が、コオロギの鳴き声を写したもの。「リ・リ・リ・リ・……」と等間隔に長く鳴き続けるコオロギの声が、「壁のくづれをつづりさせ」と聞こえたんです。

また、私たちが「チンチロリンチンチロリンチンチロリン」と写している松虫の声は、昔の人は何と聞いたでしょうか？

とやがへり　我がてならしし　はしたかの　くると聞《きこ》ゆる　鈴虫の声

（『後拾遺和歌集《ごしゅういわかしゅう》』第四）

「『羽の抜け替わった、私の手懐《てなず》けたハシタカが来る』と松虫が鳴いている」というのです。ハシタカというのは、鷹狩に用いるメスの鷹。鷹狩をする人の歌ですね。人は、自分の環境を投影して、鳥や虫や獣の声を聞きます。たとえば、童話作家・岸辺福雄さんは、毎朝センダイムシクイに「爺《じ》いや　爺いや　起きい」といって起こされると言っています。鷹狩を楽しんでいる人の耳には、松虫の声が、「鳥屋《とや》返《がへ》りわが手《て》馴《な》らし鶬《はしたか》の来《く》る」と聞こえたのです。

蟬の声もさまざまな聞き方がなされています。西洋人には、ただの機械音にしか聞こえない蟬の声ですが、日本人は、蟬の声に己が心を投影させて聞き耳を立てていたのです。

夫の訪れのないことを嘆く平安時代の『蜻蛉日記《かげろう》』の作者には、蟬の声がこんなふうに聞こえています。耳の遠い老人が木の下に立っています。すると、急に蟬が鳴き出したという場面。

木の下に立てるほどに、にはかにいちはやう鳴きたれば、驚きて、ふり仰《あふ》ぎていふやう、「よいぞよいぞといふなは蟬《ぜみ》来にけるは。虫だに時節《ときせち》を知りたるよ」と、ひとりごつに合はせて、しかしかと鳴きみちたるに、をかしうもあはれにもありけむここちぞ、あぢきなかりける。

（『蜻蛉日記』下巻、天禄三年六月　日本古典文学全集）

「なは蟬」は、今のクマゼミではないかと言われていますが、はっきりしません。「よいぞよいぞ」は、「良いぞ良いぞ」の意味をになっています。当時一般に知られていた「なは蝉」の声です。「虫だって季節になればちゃんとやって来るのに」と言う老人の独白に合わせて、「然《し》か然《し》か（＝そうだそうだ）」と蝉が鳴いたのです。「しかしか」は、作者の聞いたクマゼミの声。掛詞になっています。

現代では、蝉の声を聞いても、こういう掛詞的な聞き方をあまりしません。現代詩にも、クマゼミの声が出てきますが、直写されるだけです。たとえば、室生犀星《むろうさいせい》の詩「蝉頃《せみごろ》」では、「いづことしなく　しいいとせみの啼きけり」。三好達治《みよしたつじ》の詩では「蝉はしんしんと啼いていた」（『艸千里《くさせんり》』）というぐあいです。「しいい」も「しんしん」もクマゼミの声として斬新ですが、背後に何か意味が掛けられているわけではありません。

ミンミンゼミの声も、鎌倉時代には「ミウミウ」と聞かれ、「見う見う（＝会いたい会いたい）」という意味が掛かっています。当時こんな伝説がありました。白髪頭の老女が若者に恋をして焦がれ死んで、ミウミウゼミに生まれ変わった。だから、若者に会いたい会いたいと鳴くのだというのです。ツクツクボウシの鳴き声も、いろいろありますが、それは第二部で述べることにしましょう。

人気があった鳥の声

さらに、鳥の声を写す擬音語にも、数々の掛詞式の擬音語があります。それらについては、すでに拙著『ちんちん千鳥の鳴く声は』(大修館書店)で詳しく述べたところですので、ここでは、掛詞式の用法の栄えた平安時代にみられる鳥の声を少しだけ紹介することにします。

まずは、ウグイス。私たちはウグイスは「ほーほけきょう」と鳴くと思い込んでいます。でも、そう聞くのは、江戸時代から。平安時代は、ウグイスという鳥の名前が、鳴き声からきたという意識がありました。だから、こんな歌を詠んでいます。

心から　花の雫《しづく》に　そほちつつ　うくひずとのみ　鳥の鳴くらん
(『古今和歌集』巻十)

「自分から好んで花の雫に濡れながらどうしてあの鳥は『つらいことに羽が乾かない』とばかり鳴くのだろう」の意味です。「うぐひす」という鳴き声に、「憂く干ず(＝つらいことに羽が乾かない)」の意味を掛けています。また、ウグイスには、こんな声もあります。

梅《むめ》の花　見にこそ来つれ　鶯《うぐひす》の　ひとくひとくと　厭《いと》ひしもをる

（『古今和歌集』巻一九）

「私は、梅の花をこそ見に来たので、他のものに用があるわけではない。それなのに鶯が『人が来る人が来る』と嫌がっているのは、どうしたことだ」という意味。鶯が「ひとくひとく」と鳴いているのです。現代の私たちからは想像もつかない鳴き声。「ひとくひとく」には、「人来人来《ひとくひとく》」の意味が掛けられています。

この「ひとくひとく」の鳴き声は、大変もてはやされ、当時の多くの作品に引用されているのみならず、江戸時代の作品にまで継承されています。

千鳥の声も人気がありました。私も、千葉の海岸沿いに建っている大学に勤めていた時、すぐ傍《そば》に千鳥がやってきて鈴を振るような澄んだいい声を聞かせてくれていました。ピルッ・ピルッ。この声を昔の人は「ちよちよ」と聞いています。縁起のいい「千代（＝千年）」に掛けて聞いているのです。和歌の世界では、さらに縁起の良い聞き方に改造しています。

しほの山　さしでの磯に　すむ千鳥《ちどり》　きみが御代《みよ》をば　やちよとぞ鳴く
（『古今和歌集』巻七）

「さしでの磯にすむ千鳥は、我が君の齢《よわい》が八千年も末永く続くと鳴いている」。千鳥の声は、「やちよ」。「チヨチヨチヨ……」と何回も鳴くので、「八」というめでたい数字をつけて寿《ことほ》ぎの気持を一層強めました。「八千代《やちよ》」の声は大変受けて、それから千鳥は歌の世界ではいつも「八千代」と鳴くようになりました。

雁《がん》は、昔「かり」と呼んでいました。鳴き声を「カリ」って聞いたことから名づけられていたのです。

行きかへり　ここもかしこも　旅なれや　くる秋ごとに　かりかりと鳴く
（『後撰和歌集《ごせんわかしゅう》』秋下）

「行きも帰りも雁にとっては、ここもあそこも旅なのだろうか。やって来る秋ごとに『仮り仮り』と鳴いている」。雁の鳴き声「カリカリ」に「仮り仮り」の意味を掛けて聞いています。もう一首。

秋ごとに　来《く》れど帰れば　頼まぬを　声に立てつつ　かりとのみ鳴く
（『後撰和歌集』秋下）

「秋ごとに来るけれど帰るので、当てにしていないのに、ことさらにカリは声に出して『仮り』とばかり鳴く。（わかっていますよ、言わなくても）」といった意味の歌。

和歌ならではの技法

掛詞式の擬音語は、和歌の世界で愛用された技法です。何しろ和歌は、文字数が三十一文字と限定されています。一字一句もゆるがせにできません。そうした中で、最大限に効果をあげる技法として言葉を二重に働かせる掛詞の技法が生まれてきたのです。それは、動物の声を読み込むときも例外ではありません。巧みに使えば、鳴き声に己が心情を重ねあわせ、重層的な効果をあげることが期待できるのです。しかも、動物の声は、そもそも人間の心を投影させやすい。動物には、人間と同じ心があるように思えるからです。

寂しげに鳴く鹿の声は、得られぬ恋の嘆きとも受けとれます。秋の夜長に鳴き続けるコオロギの声は、冬支度を気にする声に聞こえてきます。鶯の鳴き声は、梅の花を独占したい気持を伝えているように聞こえてきます。とりわけ虫や鳥の声は、鳴き続ける時間が長く、独特のリズムを持ち、耳を傾けていると、何か訴えかけ話しかけられているような気すらしてきます。掛詞にしたくなる要因が備わっています。これを生かさぬ手はないのです。ですから、動物の声を写す擬音語に、最も掛詞式の用法が多いのです。

物音には、人間の心を投影しにくく、掛詞の用法が起こりにくい。葉ずれの音「そよ」「そよそよ」は、かなり例外的なものです。音のしない状態や有様を模写した擬態語にいたっては、さらに人間の心情を投影しにくく、掛詞には不向きです。

掛詞式の擬音語は、いままでほとんど注目されていません。けれども、ウィットに富む表現技法の一つとして注目すべきものだと私は思っています。もっと言えば、虫や鳥の声に聞き耳を立てる日本人ならではの表現技法だと思っているのです。

(6)辞典の中の擬音語・擬態語

国語辞典に載らない日本語

擬音語・擬態語は、普通の国語辞典には載りにくい。ちなみに「こけこっこー」という擬音語を手元にある小型の国語辞典で引いてみてください。出てきませんね。では、『広辞苑』クラスの大型国語辞典を引いてみてください。やっぱり出てこなかったでしょう？ 「うはうは」「かっくん」「がっぽがっぽ」「がはは」「じゃかじゃか」「ずでん」「にゃんにゃん」でも、同様です。こうした擬音語や擬態語は、日常よく使われるにもかかわらず、普通の国語辞典には載りにくい言葉なのです。なぜでしょうか？

理由は、二つ。一つは、日本人なら辞書を引かなくても意味がわかる。二つは、いささか品に欠ける言葉なので辞書に載せるのは憚《はばか》られる。

でも、日本語の擬音語・擬態語に大いに悩まされている人々がいます。日本語を学ぶ外国人と日本語を他の言語に翻訳する人たちです。日本語の相当うまい外国人でも、擬音語・擬態語は苦手です。

日本語の達者な留学生が腹痛で医者に行ったら、「しくしく痛むの？　きりきり痛むの？」と聞かれてとても困ったと訴えます。「しくしく」と「きりきり」の意味の違いが全く分からなかったそうです。擬音語・擬態語は、発音の響きが意味に直結しています。だから、日本語の中で育った人には感覚的に分かる言葉なのですが、そうでない環境に育った人には意味の類推がきかない。そこで、最近では外国人のための擬音語・擬態語辞典が出ています。

また、翻訳者たちも嘆いています。日本語を英語や中国語に翻訳しようとすると、日本の擬音語・擬態語に該当する語が存在しないことが多い。そこで、仕方なくそれに近い普通の語に置き換えて翻訳するのですが、そうすると日本の擬音語・擬態語の持っていた情緒が失われてしまうと言います。日本語の擬音語・擬態語は、翻訳者泣かせの言葉なのです。

ですから、最近は擬音語・擬態語翻訳辞典のような特殊辞典が刊行されています。では、いったい擬音語・擬態語関係の辞典には、どのようなものがあるでしょうか？

日本語を学ぶ外国人と翻訳者のため

私の集めた擬音語・擬態語辞典を、次に列挙してみます。

（ア）天沼寧《あまぬまやすし》編『擬音語・擬態語辞典』（東京堂出版、一九七四年一二月刊）

（イ）浅野鶴子編・金田一春彦解説『擬音語・擬態語辞典』（角川書店、一九七八年四月刊）

（ウ）白石大二編『擬声語擬態語　慣用句辞典』（東京堂出版、一九八二年四月）

（エ）阿刀田稔子《あとうだとしこ》・星野和子著『擬音語・擬態語　使い方辞典』（創拓社、一九九三年五月　初版、一九九八年九月第二版第二刷）

（オ）日向茂男《ひなたしげお》監修　尚学図書言語研究所編集『擬音語・擬態語の読本』（小学館、一九九一年一一月）

（カ）三戸雄一・筧寿雄《かけいひさお》他編著『日英対照　擬声語（オノマトペ）辞典』（学書房、一九八一年一〇月初版、一九八四年六月再版改定発行）

（キ）藤田孝・秋保慎一編『和英擬音語・擬態語翻訳辞典』（金星堂、一九八四年一〇月初版、一九八五年二月三刷）

（ク）尾野秀一《おのひでいち》編著『日英擬音・擬態語活用辞典』（北星堂書店、一九八四年一一月刊）

（ケ）リーダーズ英和辞典編集部編『漫画で楽しむ英語擬音語辞典』（研究社、一九八五年四月）

（コ）アンドルー・チャン著『〈和英〉擬態語・擬音語分類用法辞典』（大修館書店、一九九〇年一二月初版、一九九一年一二月再版）

（サ）青山秀夫編著『朝鮮語象徴語辞典』（大学書林、一九九一年二月刊）

（シ）相原茂「現代中国語擬音語小辞典」（『中国語』一九七六年一一月号）

（ス）郭華江主編『日中擬声語・擬態語辞典』（上海訳文出版社、一九九〇年一〇月刊）

（セ）野口宗親《のぐちむねちか》編著『中国語擬音語辞典』（東方書店、一九九五年五月刊）

（ア）～（オ）は、日本の擬音語・擬態語だけを解説した辞典。主に日本語を学ぶ外国人のために作られています。

（カ）～（コ）までは、日本語と英語の擬音語・擬態語を対照させた辞典。（サ）は、韓国の作家たちの使用した擬音語・擬態語を日本語ではどう翻訳するかという観点から両国語の擬音語・擬態語を対照させた大冊《たいさつ》の辞典。（シ）〜（セ）は、中国語と日本語の擬音語・擬態語を対照させた辞典。

つまり、（カ）〜（セ）の擬音語・擬態語辞典は、いってみれば日本語と外国語（英語・中国語・韓国語）の対照辞典です。外国語に翻訳するときにほとほと手を焼く擬音語・擬態語。その翻訳時の苦労を少しでも緩和しようとして、これらの擬音語・擬態語辞典が作られているのです。

こうして、現在刊行されている擬音語・擬態語辞典は十数種類ありますが、①日本語を学ぶ外国人のためか、②翻訳の便宜のためかのいずれかの目的のために作られているというふうにまとめることができます。日本人が読んで「なるほど」と納得するような擬音語・擬態語辞典はまだ刊行されていないのです。私が欲しいのは、そういう辞典です。我々一般の日本人も満足するような擬音語・擬態語辞典はできないものでしょうか？

そこで、今までの日本語の擬音語・擬態語辞典（ア）〜（オ）をじっくり眺め、不足している点を見極めていこうと思います。そうすれば、一般の日本人も満足するような画期的な擬音語・擬態語辞典が構想されるはずです。そうして、そんな辞典を、私はいつか作りたいと考えているのです。

「あっさり」と「さっぱり」の違い

日本語の擬音語・擬態語辞典は、現代語の意味分析がかなり整ってきています。同類語・類義語との差異をきちんと記している辞典も出てきました。たとえば「にこにこ」を例にします。

【同類語】「にこっ」「にこり」は、連続しない一回きりの笑顔の表現。「なにが気に入らないのか、にこりともしないで、行ってしまった。」「にっこり」は、うれしさ、楽しさを、さらにじゅうぶんに表わす表現。

【類義語】にたにた　にやにや

（浅野鶴子編『擬音語・擬態語辞典』）

類義語「にたにた」「にやにや」と「にこにこ」との違いについても一言解説のほしいところですが、「にこにこ」と同類語「にこっ」「にこり」「にっこり」との違いはよく分かります。

さらに、「にこにこ」と類義語「にたにた」「にやにや」の違いを解説している辞典も出てきました。阿刀田稔子・星野和子著『擬音語・擬態語 使い方辞典』です。このように説明されています。

【参考】にたにた…本人がよからぬ喜悦を感じている場合が多い。にこにこは快適な喜びが笑顔になる場合をいう。にやにや…卑《いや》しい思い入れや下心がある場合が多く、表情としてもかげがある。にこにこはすなおに楽しさやうれしさを顔に出した笑いになる。

こんなふうに、類義語との意味の差異まで記されている辞典が出てきていて、いいなあと思います。

けれども、類義語との違いの解説をさらに充実させる必要が残っています。たとえば、「あっさり」という擬態語を思い浮かべてみてください。私たちは、まず、「あっさり」という語を、人の態度や性格などがしつこくなく、思いっきりの良い様子を表わすのに使います。「彼は案外あっさり承知してくれた」などと。さらに、「あっさり」は、味・色・形などが淡白であったりすることをも表わします。「朝は、目刺《めざし》と味噌汁のあっさりした食事」などと言います。

さて、「あっさり」の類義語に「さっぱり」があります。「あっさり」と「さっぱり」は、どんな違いがあるのでしょうか？　現段階では、どの擬音語・擬態語辞典でも説明していません。説明してないばかりか「あっさり」の説明に「さっぱり」を使ってしまうということすら起こっているのです。類義語への一層の配慮が、これからの擬音語・擬態語辞典の改善点というわけです。

ちなみに、私自身は、「あっさり」の方は、物や人の性質（属性）にのみ使うのに対し、「さっぱり」は、それらから受ける私たちの気持をも表わすという違いがあると思っています。「もう一杯ジュースを飲んだら、きっとさっぱりしますよ」とは言えるのですが、「もう一杯ジュースを飲んだら、きっとあっさりしますよ」とは言えないからです。

意味の分からない解説文

日本の擬音語・擬態語辞典をじっくり眺めていると、さらに基本的なことで気になることがあります。その一つは、個々の語の意味説明の解説文です。残念なことに解説文自体の意味が分かりにくい場合があるのです。先ほどの「にこにこ」に、もう一度注目してみます。

満足したり、うれしかったり、喜んだりして、続いて笑っている、笑いを浮かべている様子・こと。（天沼寧編『擬音語・擬態語辞典』）

この解説で「にこにこ」の意味がよく分かったでしょうか？ ま、私たち日本人は「にこにこ」の意味なんか説明されなくても分かりますから問題ないのですが、日本語を学ぶ外国人がこの辞書の説明を読んだとします。すると、彼らは、「続いて笑っている？ 分からない。誰かが誰かに続いて笑っているんですか？」と聞いてくるはずです。

また、簡略すぎて分かりにくい場合もあります。

うれしそうに笑って。（白石大二編『擬声語擬態語 慣用句辞典』）

「にこにこ」の意味説明は、これだけです。日本語を学ぶ外国人は、頭の中を「？」

でいっぱいにしそうです。せめて、「うれしそうに笑っている様子」などとしてあげる方がよさそうです。

では、もう一つ別の語「わんわん」の説明を例に取ってみます。「わんわん」は、犬の声を意味するばかりではありません。次のような意味が挙げられています。

①犬が続いてほえる声。
②大きい声・音、強い声・音を出したり、声音が大きく強く響く様子。
③いちどきに数多くのものが何かをする様子。

（天沼寧編『擬音語・擬態語辞典』）

①と③の意味は、分かりますね。③は、「蚊や蜂がわんわんと飛び出す」のような例に見る「わんわん」です。問題は、②です。説明文の「大きい声・音、強い声・音を出したり」の語句は、どこにかかっていくのでしょうか？ 構文上は、最後の「様子」にかかっていくと思われますから、「大きい声・音、強い声・音を出す様子」が「わんわん」だということになります。

ところが、それに該当する用例として挙がっているのは、すべて「わんわん泣く」

と赤ちゃんや子供など人の泣く声です。ですから、「様子」ではなく、「声」を写したものなんです。どうやら、②の解説文は、二つの別の意味を一つにしてしまったために、前半のかかっていく語句がなくなり、意味の通じにくい説明文になってしまったようです。前半の「大きい声・音、強い声・音を出したり」の部分は、「人が激しく連続的に泣く声」として、別に項目を立てた方が分かりやすい。

後半の「声音が大きく強く響く様子」の例は、「向こう（＝ヨーロッパの演奏会場）は、（残響音が）わんわん響く」が挙がっているので、ぴったりです。これだけで一項目にする方が適切です。

解説文に心を用いて分かりにくさを取り除いていくのも、これからの擬音語・擬態語辞典の課題の一つです。

押し入れみたいな項目

もう少しだけ「わんわん」にこだわってみます。整理すると、「わんわん」は、次の四つの意味があることが分かってきました。

①犬の吠え声。
②人が激しく連続的に泣く声。
③声や音が反響する様子。
④たくさんのものが一挙に押し寄せてくる音や様子。

現在出ている辞典の中には、これらの全てを網羅していない場合が見受けられます。のみならず、よく整理しないで何でもつっこむ押し入れみたいな項目を一つ立てて終わらせてしまうこともあります。たとえば、次の「わんわん」の解説。

①犬の鳴き声
②うなり声。鐘の音。蚊の声。　（白石大二編『擬声語擬態語　慣用句辞典』）

②にくくられている「うなり声」「鐘の音」「蚊の声」は、それぞれかなり違うものですね。面倒がらずに意味を解きほぐして網羅しておく必要があります。

「あたふた」を「おたおた」で説明されても

また意味説明の解説文には、他の擬音語・擬態語を使って説明してしまっているという問題があります。たとえば、「あたふた」に注目してみます。

あわてふためいて。おたおたして。

（白石大二編『擬声語擬態語　慣用句辞典』）

これが、「あたふた」の意味説明です。意味説明の中にある「おたおた」というのも、擬態語です。「あたふた」という擬態語を他の擬態語「おたおた」で説明するということがなされています。「あたふた」と「おたおた」の違いこそ説明すべき擬音語・擬態語辞典なのに、「あたふた」の意味説明に「おたおた」という擬態語をもってきてしまうのは、問題です。

また、「あわてふためく」というのも動詞型の擬態語です。「ふたふた」の「ふた」に「めく」をつけて動詞化した擬態語です。「きらめく」「ひらめく」「ざわめく」と同じ動詞型の擬態語なのです。ほかの辞典でも、「あたふた」の説明に「あわてふためくさま」としているものがあります。

鶏の声は、いつから「こけこっこー」

現行の擬音語・擬態語辞典には、さらにこんな問題があります。動物の鳴き声を表わす擬音語に対して極めて冷淡だという問題です。

鳴き声の代表格「こけこっこー」に注目してみます。擬音語・擬態語辞典なのに、「こけこっこー」は、見出し語にすらなっていない場合があるんです。また、「こけこっこー」の見出し語がある辞典でも、その説明は極めて簡単。「鶏の鳴き声」だけです。ものすごく物足りない。

日本語を学ぶ外国人のための辞典の場合は、まだこれで足りますが、日本人をも満足させるための辞典になるためには、深さと豊かさ、つまり、知られていなかった情報を盛り込む必要があるのです。

いったい、日本人は鶏の声をいつから「こけこっこー」と聞いてきたのか？　昔の日本人は、鶏の声を我々とは違う言葉で聞いたのではないか？　そうした変遷に日本の文化史が透《す》けて見えるのではないか？　こういった深い内容が要求されてきます。

現在のところ、こうした突っ込んだ解説のなされた擬音語・擬態語辞典は出されていません。歴史的な観点からの擬音語・擬態語研究が十分になされていないからです。「ひんひん」「ほーほけきょー」といった馬の声や鶯の声に関しても、かろうじて見出し語としてとりあげている擬音語・擬態語辞典は、一書ずつ。その他の辞典は、本文の見出しにすらしておりません。

カラスは「コロク」と鳴いていた

これからの擬音語・擬態語辞典としては、右の項でふれたように、歴史的な観点からの成果を盛り込んで作る必要があります。背後に歴史のない解説は、実用には耐えますが、文化史の厚みを添えてくれません。擬音語・擬態語辞典が真に辞典としての風格を備えるためには歴史的な観点から見た解説が必須です。

一歩歴史に足を踏み込むと、我々現代人には驚くことばかりなのです。現代人の知らないことばかりなのです。

たとえば、「かあかあ」。現代人は、カラスの声をずっと昔からそう聞いてきたと思い込んでいますが、調べてみると、奈良時代の人は、「ころ」「から」、さらに「ころく」

なんて聞いている。そして「ころく」に「児ろ来《こく》（＝ヤッコさんがやってくる）」の意味を掛けて楽しんでいる。鎌倉室町時代には、カラスの声を「こかこか」と聞いて、「子《こ》か子《こ》か」に掛けて、落し噺《おとしばなし》まで作ってしまう。

「いやあ、カラスとスズメが親子だったの、知ってる？　この間さ、道端でスズメがカラスに向かって『父父《ちちちち》』と鳴いたら、カラスが、『おお、子か子か』なんて答えてんだ」なんて。これは、狂言『竹生島詣《ちくぶしまもうで》』に出てくる話。

江戸時代になると、「かあかあ」が主流。だから、それをひねって「嬶嬶《かかあかかあ》」に掛けて聞く。カラスの奴めがオレの女房を呼ぶように鳴いているぞと男は笑い飛ばしています。「阿呆阿呆《あほうあほう》」と人を小ばかにした鳴き声も江戸時代から。こういった現代人の知らない情報を盛り込んだ擬音語・擬態語辞典こそ、これから作られるべき辞典なのだと思います。

ビジュアル情報も欲しい

最後に、これからの擬音語・擬態語辞典は、ビジュアル情報もできるだけ使うべきだと思います。特に、外国人に分かりにくいのは、擬態語の意味です。きちんとした意味説明をすることはもちろんですが、ビジュアル情報も意味をつかむのに効果的です。

最初の図8は、「ハッ」。突然我にかえる時の様子を表わす擬態語。子供の「ママ危ない　赤だよ」という言葉で、考え事で頭が一杯だった状態から現実に戻る瞬間がつかみ取れるのではないでしょうか。

「キッ」も説明しようとすると、難しい擬態語ですが、相手の言葉にむかっ腹が立って相手を睨《にら》みつける図9から、「キッ」の語の感覚的な意味をつかんでもらえそうです。「サッ」もすばやい動作を、「コク」も頷《うなず》く様子や音を表わすことを、図10、図11から受け取ってもらえる気がします。

以上の注文は、擬音語・擬態語好きの人間だからこその願いなのです。そして、今に自分で擬音語・擬態語辞典を作りたいと思っている人間の、熱い思いでもあるのです。

図8

図9

「離婚予定日」粕谷紀子（『Lady's Comic YOU』2001年11月号掲載）

図10 「ごくせん」森本梢子（『Lady's Comic YOU』二〇〇一年一一月号掲載）

図11 「真夜中の庭」津雲むつみ（『Lady's Comic YOU』二〇〇一年一一月号掲載）

第二部　動物の声の不思議

(1)昔の犬は何と鳴く——犬——

「わんわん」は江戸時代初めから

「犬は何と鳴きますか?」などと聞こうものなら、「わんわんに決まっている。何をいまさら」と、いささか軽蔑口調で言われるに違いありません。昔話の「桃太郎」を思い出してみても、登場する犬は「わんわん」と吠えていましたし、「花咲爺《はなさかじじい》」の話を思い出してみても、「ここほれ、わんわん」です。

そして、ちょっと昔の本をひもといても、犬は、いつも「わんわん」と吠えています。図12は、江戸時代後期の『桃太郎 宝蔵入《たからのくらいり》』の挿絵。犬は言っています、「わんわん おともいたしませう」。江戸時代の絵本『花咲《はなさき》ぢぢ』を手にとってみても、同じく犬の声は「わんわん」。

こうして、現代の私たちは、犬の吠える声を、いつの時代も「わんわん」と写して

図 12　「わんわんおともいたしませう」と犬はいう。(「桃太郎宝蔵入」『赤本昔はなし』の内　国立国会図書館蔵)

きたといつのまにか思い込んでいます。

ところがです。かくも自明の犬の声「わんわん」は、たかだか江戸時代の初め頃までしか遡れないのです。

からりからりとからめかし一祈《ひといの》りこそは祈《いの》ったれ、ぼろおんぼろおんぼろおんぼろおん。犬、わんわんというてかみつかうとする。山伏《やまぶし》にげて目付《めつ》きの柱に抱きつき犬を呼べと云ふ。

寛永一九（一六四二）年の『古本能狂言集』所収の『犬山伏』の一節。呪術には自信のあるはずの山伏が、祈れば祈るほど犬に吠えられて目付きの柱（＝能舞台の客席から見て左手前の柱）に思わず抱きつく場面。「わんわん」の声は、仕草を記すト書の部分に見えます。これが、「わんわん」の例として、古いものです。江戸時代以前には、「わんわん」と記された犬の声が見あたらないのです。一体、どうしたことでしょうか？

犬がいなかったとは考えられませんから、「わんわん」ではない言葉で、犬の声を写していたに違いありません。何という言葉で、犬の吠え声を写していたのでしょうか。

平安時代は「ひよ」の文字

犬の声を写す古い文献を求めて時代を遡っていきますと、平安時代末期成立の『大《おお》鏡《かがみ》』に辿りつきます。『大鏡』にこんな話がのっています。

清範律師《せいはんりつし》という説教の名人がいました。愛犬の法事を依頼され、その席で彼は言いました。「この世を去った犬の霊は、いまごろ極楽浄土の蓮の台の上で、『ひよ』と吠えていらっしゃるだろう」と。聴衆は、どっと笑い、才気あふれる説教ぶりは、ますます有名になったという話。

法事の席で、剽軽《ひようきん》に犬の声などをまねて話した機知がうけたのでしょう。さて、犬の鳴き声は、何と写されていたでしょうか。「ひよ」です。清範律師の名セリフの箇所だけ、原文を引用してみます。

「ただいまや過去《くわこ》聖霊《しやうりやう》は、蓮台《れんだい》の上にてひよと吠《ほ》え給ふらん」（『大鏡』道長下）

「ひよ」が、犬の吠え声です。『日本古典文学大系』の『大鏡』をはじめ、『大鏡』の諸注釈書は、いずれも犬の声を「ひよ」と読んでいます。

けれども、「ひよ」が、犬の声だと信じられますか？　もう少し他の資料を検索してみる必要があります。

昔は濁音表記がなかった

『大鏡』から約五〇年経った承保二（一〇七五）年の『悉曇要集記《しったんようじゅうき》』という本に、こんな記事があります。ちょっと見にくいのですが、牛の鳴き声・羊の鳴き声・犬の鳴き声が記されていますので、原文どおりに記してみます。原文には、くり返し符号が使われていますが、分かりにくいので、該当すると思われる文字を入れて示しておきます。

吽《クム》牛喉反《ホユル》聲《ムモ》也　咩《ヌイ》羊《ヒツシ》聲也　吠《ヘイヒヨ》犬之音也　嗎《ミ》馬之音也

牛の鳴き声は、「聲（＝声）」の字の横に記されている「ムモ」。現在でも、四国、九州などでは、牛の声を「ンモー」と聞きます。「吽」のすぐ下に書いてある片仮名「クム」は、「吽」の音読みを表わしています。当時は濁音表記がありませんから、清音のように記してありますが、「吽」の音ですから、「グム」と実際には濁音に読んだものと思われます。

羊の鳴き声は、「ヌイ」と読めるのですが、あるいは「メイ」と書き記したつもりの文字かもしれません。「メイ」の方が、羊の鳴き声にふさわしいですから。

犬の鳴き声は、「ヘイ」の下にある「ヒヨ」。「ヘイ」は、「吽」の字のすぐ下にあった「クム」と同じく、「吠」の音読みを示したもの。ですから、「ベイ」と濁音に読んでいたと察せられます。

さて、問題の犬の声。右の『悉曇要集記』の例から、やはり古くは、「ひよ」と表記されるようなものであったと考えざるを得ません。

ですが、犬の吠え声を「ひよ」と清音で聞いていたと考えるのは、いかにしても納得しにくい。「ひよ」では、まるで雛鳥のような声です。現に、平安時代には、雛鳥の声を、「ひよ」と写しています。

巣を出でて　ねぐらも知らぬ　ひな鳥も　なぞや暮れゆく　ひよと啼くらん

（『宇津保物語』藤原の君）

に見るように。これは、「巣を出て、帰って寝る場所も分からない雛鳥も、どうして『暮れていく日よ』と心細そうに鳴いて途方にくれているのだろうか」といった意味の歌。自分のやるせない心持ちを、雛鳥の鳴き声に重ね合わせて聞いたもの。「ひよ」は、「日よ」の意味を掛けた雛鳥の鳴き声です。

古くは、犬の吠え声が、雛鳥の鳴き声と同じなのでしょうか。犬の声と雛鳥の声は、私たちの耳にはかなり異質なものと聞こえます。もしや、犬の吠え声は、「びよ」と濁音に読むべきものではないのでしょうか？

犬の鳴きさし虻《あぶ》の一声

ずっと時代は下るのですが、犬の声を間違いなく「びよ」と濁音で写している例がありました！

江戸初期の万治三（一六六〇）年刊の『狂言記』です。その版本には、次のように明確に濁点表記のなされた犬の声「びよ」があります。

△かきぬし　いぬなら。鳴かうぞよ
△山ふし　はあ。又こりや。鳴かざなるまい。びよびよ。
（『狂言記』巻三）

狂言の曲目は『柿山伏』。枝もたわわな柿の木を見て腹をすかせた山伏が、柿の木に登って柿を盗み食いしました。けれど、折悪しく柿主に見つかってしまいました。柿主は、山伏と知りながら、柿を盗まれた腹いせに山伏をいたぶります。柿を盗んで食べているのは、「猿」かしらん、「犬」かしらん、「鳶《とび》」かしらん。そのたびに、山伏は、その動物の鳴き声をまねて、柿主の目をごまかそうと必死になります。

右の引用文は、犬の鳴き声をまねせざるを得なくなった場面です。犬の声が「びよびよ」と写されています。江戸初期では、犬の吠え声は、確かに「びよ」と濁音で始まっています。「ひよ」ではありません。

また、近松門左衛門は、こう記しています。

越路《こしぢ》の雪にふるさとの空をしたひて鳴く犬の。別府《べう》の湯本《ゆもと》はあれとかや。
（浄瑠璃『用明天王職人鑑《ようめいてんのうしよくにんかがみ》』）

大分県別府温泉の「別府《べふ》」が、犬の鳴く声「べう」に掛けられています。「べう」は、「びょう」と発音しますから、「びよ」の声と同系列の語です。のみならず、「びょう」は、「びよ」の声が、発音のしやすさから変化した形態と考えられます。「biyo《びよ》」は、「i」と「y」というきわめて類似した音が連続しており、一つの音になりやすい。一つの音に統合され、そのぶん長音化したものが「byō《びょう》」だと考えられます。発音してみればすぐに分かりますが、「biyo《びよ》」は、きわめて自然に「byō《びょう》」になります。ともあれ、この例からも、犬の声は、濁音で写されていたことが分かります。

また、『ことば遊び辞典』は、能登に伝わる古い謎々を紹介していますが、その中にこんな謎々があります。

犬の鳴きさし　虻《あぶ》の一声

はて、答えは？　「屏風《びょうぶ》」となっています。一声で鳴きやんだ犬の声は「びょう」、虻の羽音は「ぶ」。だから「屏風」。犬の鳴き声を「びょう」と濁音で聞いてたからこそ成り立つ謎々です。

これらの例は、犬の吠える声を「びよ」「びょう」と濁音で写す歴史のあったことを示しています。平安末期の『大鏡』にみられる「ひよ」の語も、この系譜に連なる犬の声に違いありません。とすれば、『大鏡』の諸注釈が読むような「ひよ」ではないのです。「びよ」と濁音で読むべき犬の声なのです。

濁音は、一般に清音より大きく濁った感じを与えます。雛の声に比べてはるかに大きく濁った音色の犬の声は、「びよ」と読まれてこそ説得力があります。

考えてみれば、犬の声を英語では"bow"と言い、ドイツ語では"bau"。どちらもバ行音で写しています。ですから、昔の日本人が、「びよ」「びょう」と聞いても不思議はないわけです。

「びよ」は江戸時代中頃まで

それにしても、私たち現代人からみると、奇妙な犬の吠え声「びよ」「びょう」の声は、いったい何時《いつ》まで使われていたのでしょうか。

江戸時代中頃までは、この「びよ」「びょう」の犬の声が、実によく見られます。たとえば、狂言『二人大名』。二人の大名が、道連れの男に刀をとられておどかされ、やむなく犬の咬み合いのまねをさせられる。その場面の犬の鳴き声はこうです。

ウウ、ウウ、ベウ、ベウベウベウベウベウ　（『狂言集』日本古典文学大系）

二人の大名は、犬のように吠えて咬み合うしぐさをします。俳諧連歌でも、

ただべうべうと　うつ浪の音
鼓《つづみ》にも　犬の皮をや　かけぬらん　（『鷹筑波集』）

前句の「べうべう」は「渺々《びょうびょう》」の意。「渺々」は、果てしなく広がっていく様子。「ただはてしなく打つ波の音」といった意味を前句で詠むと、後句では、前句の「べうべう」を犬の吠える声ととりなして、「鼓にも犬の皮をはって作ったのだろう」と付けたものです。

この他、狂歌にも、「びょう」の犬の声は用いられています。

「びょう」の声は、遠吠えに

ところが、江戸時代も中頃をすぎると、「びょうびょう」の犬の声は一般的でなくなってきました。文政一三（一八三〇）年の序のつく随筆『嬉遊笑覧《きゆうしょうらん》』が、こんなことを言っています。

犬の声をべうべうといふは、彼遠吠《とおぼえ》するをいふなるべし。猿楽狂言にもみえたり。

「べうべう」を、単なる犬の吠え声ではなく、遠吠えの声と聞いているのです。遥かなさまを意味する漢語「渺々」の意味と重なって、犬の遠吠えを写すことばと思われたのです。こうした意識は、実は、江戸の初期頃からもたれはじめていたようです。というのは、近松門左衛門は、既に例を示したように、「別府《べふ》」と掛けた犬の声として「びょう」を用いていましたが、一方、次のように「わん」も用いているのです。

科人《とがにん》の馬追うて、夜さり首が咽笛《のどぶえ》へわんと言うて噛み付かう。

（浄瑠璃『孕常盤《はらみときわ》』）

「わん」は、犬のごく普通の吠え声として使われています。ところが、既出の「びょう」の声は、遠くふるさとの空を慕って鳴く犬の声であり、遠吠えのイメージを持っています。

このように、江戸時代では、犬の吠え声として古い「びよ」「びょう」と、新興の「わん」とが共存し、「びょう」の方は遠吠えに、「わん」の方は、普通の犬の声に使うといった一応の区別をしていた時期もありました。

けれども、「わん」の勢力が次第に圧倒的になると、その区別も失われ、「びょう」の声は、方言としてのみ残り、現在に至ります。

『嬉遊笑覧』も、

土左国人は、今も犬の声をべうべうといふ。

と記していますから、江戸の後期には、「びょう」の声は、方言としてのみ命をとどめていたのでしょう。現在でも、『日本方言大辞典』(小学館)によると、島根県益田市、高知県、長崎市では、犬の声を「びょう」と聞いています。

「椀」「湾」「腕」

江戸の末期には犬の声は、ひたすら「わん」です。洒落本、滑稽本、黄表紙などに登場する犬の声は、すべて「わん」です。小林一茶は『おらが春』(文政二年)にこう記しています。

人の来りて、わんわんはどこにと言へば犬に指《ゆびさ》し、かあかあはと問へば烏《からす》にゆびさすさま、口もとより爪先迄《つまさきまで》、愛嬌《あいけう》こぼれてあいらしく、

二歳になる娘のあどけなさを記した箇所。「わんわん」は、現在のように、犬そのものをさす言葉にもなっていたのです。

また、同じ頃、愚仏《ぐぶつ》という人が「犬の咬み合い」と題するおかしな漢詩を詠んでいます。読み下し文で示します。( )内が原文です。

椀《わん》 椀《わん》 椀《わん》 椀《わん》 亦《また》 椀《わん》 椀《わん》 (椀椀椀椀亦椀椀)

亦《また》亦《また》椀《わん》椀《わん》又《また》椀《わん》椀《わん》（亦亦椀椀又椀椀）
夜暗くして何疋《なんびき》か頓《とん》と分《わか》らず（夜暗何疋頓不分）
始終只《ただ》聞く椀《わん》椀《わん》椀《わん》（始終只聞椀椀椀）

「わん」の声に「椀」の字をあて、漢詩にとり込んだところが面白い。「湾」「腕」「彎」などと、「わん」と読める字は多いのですが、考えてみると、お椀の「椀」の字が一番ふさわしいんですね。中をえぐったお椀には、くぐもった音の共鳴する感じがあります。それは、夜のしじまにこだまする幾重《いくえ》にも重なる犬の声に通じ合います。

そして、江戸の末期には、こんな謎々も。

犬と猫のけんかとかけて、人殺しの念仏ととく。心はにやわん。（『新板なぞづくし』）

人殺しに念仏は「似合わん」というわけです。この頃、猫の声は「にゃあ」、犬の声は「わん」が、常識となっていたのです。

飼犬と野犬の違い

それにしても、犬の吠え声が、「びよ」「びょう」から、なぜ「わん」に変わったのでしょうか。

「びよ」「びょう」と写すよりも「わん」と写すほうが適切と思えるような変化が、犬の鳴き声そのものの方に起こったのではないか、と私は密かに推測しています。

そう考える根拠は、たとえば、宮地伝三郎『十二支動物誌』（筑摩書房）の次の記述があるからです。

野生のイヌは遠吠えをするが、「ワンワン」とは吠えない。「ワンワン」は家犬だけの性質で、これは生活が安定してなわばりのできることと関係があるらしい。捕らえて飼っておくと、オオカミもイヌに似た吠え方をするようになる。

犬の鳴き声は、環境によって変化するというのです。とすると、江戸時代以前と以後とでは、環境の変化による犬の鳴き声自体の方に、質的変化があったと考えても不自然ではありません。

たとえば、江戸時代以前では、黒田日出男『姿としぐさの中世史』（平凡社）の紹介するように、野犬が横行し、捨て子を襲って食べたり、人間の死肉を食べたりしています。だいたい昔の犬は、放し飼いでした。綱にくくられているのは、猫の方です。放し飼いの犬はすぐに野犬になります（図13参照）。

平安末期の『今昔物語集』にも、夜の間に女が野犬に食い殺された話が出て来ます。図14は、江戸時代以前の犬の様子を彷彿とさせる『九相詩絵巻《くそうしえまき》』。墓地に捨てられた女の死体を、犬とカラスが食いあさっています。

むろん、こうした野犬ばかりではなく、貴族や武家に飼われて、狩猟に役立つ犬もあれば、ペットとしての犬もいます。ですが、総じて江戸時代以後の落ちついた環境で飼われる犬よりも、野性味をおびていたことだけは確かです。そうした時の犬の声は、闘争的で濁ってドスの効いた吠え声であったと想像されます。「わん」と写すより、「びよ」「びょう」と濁音で写すのがより適切と思われるような声であったのではないでしょうか。

「びよ」「びょう」から「わん」への言葉の推移は、犬自体の吠え声の変化を写し出していると、私は推測しています。

図13　放し飼いの犬が吠え合い咬み合っている。「びよびよ　びよびよ」。(『鳥獣人物戯画』乙巻　高山寺蔵)

図14　犬が死体を食いあさっている。(「九相詩絵巻」(有) 天心蔵　中央公論新社『日本絵巻大成』7巻より)

(2)ニャンとせう——猫——

ぽんと蹴《け》りゃ、にゃんと鳴く

私たち現代人にとって、最もおきまりの猫の声といえば、「にゃんにゃん」。流行歌・童謡を思い出しても、猫は「にゃん」と鳴いています。一昔前に流行《はや》った歌『めだかの兄妹』の歌詞にもこうあります。

子猫《こねこ》の兄妹が陽だまりで
大きくなったら何になる
大きくなったらトラになる
大きくなったらライオンに
ニャンニャン　ニャンニャンニャン

ニャンニャン　ニャンニャン
ニャンニャン　ニャンニャン
ニャンニャン　ニャンニャン
だけど大きくなっても
ニャンコはニャンコ　ニャンニャン
（荒木とよひさ作詞、一九八二年）

童謡『山寺の和尚さん』にしても、猫は「にゃん」と鳴いています。

ねこをかんぶくろにおしこんで
ぽんとけりゃ　にゃんとなく

童謡『犬のおまわりさん』でも、犬の声の「わんわん　わわん」に対して、猫の声は「にゃんにゃん　にゃにゃん」です。「にゃんにゃん」は、現在では、猫の声として固定化し、猫を意味する名詞にもなっています。「あそこに、にゃんにゃんがいるよ」と大人は幼児に教えます。犬は「わんわん」、猫は「にゃんにゃん」なのです。
一体全体、「にゃん」の声はいつからあるのでしょうか？　江戸時代からです。でも、調べてみると、江戸時代の「にゃん」の声は、現代とどこか違った特殊なニュアンスが感じられるのです。

淫靡《いんび》な意味合いの「にゃあん」

たとえば、江戸時代の近松門左衛門の『大経師昔暦《だいきょうじむかしごよみ》』では、猫がこんな場面で「にゃんにゃん」と鳴いています。

オオ可愛《かはい》やと猫撫声《ねこなでごえ》。にゃんにゃんあまえる女猫《めねこ》の声。洩《も》れてや余所《よそ》に妻恋《つまご》ひの男猫《をねこ》の声々《こゑごゑ》。三毛は焦《こが》れて駆出《かけい》づる。

女猫が「にゃんにゃん」と甘えた声を出すと、それを聞きつけた男猫たちが女猫を呼び出そうと外で鳴きます。女猫は男猫たちに焦がれて、外に駆け出していく場面。「にゃんにゃん」は、男猫を誘う女猫の甘え声です。女性は、男性に甘えかかる時に、鼻にかかった「ん」の音を連発します。「嫌《いや》ん馬鹿《ばか》ん」などと。それを連想させるためでしょうか、女猫の声は、「にゃんにゃん」。実際、江戸時代では、女性の甘え声「嫌ん嫌ん（＝嫌よ嫌よ）」に掛けた猫の声「にゃんにゃん」があります。

毛ははげて　所斑《ところまだら》の　猫まさへ　いにゃんいにゃんと　鳴くを恋ひつつ

（『銀葉夷歌集《ぎんよういかしゅう》』）

「年老いてはげっちょろになっている雄猫でさえ、嫌ん嫌んと鳴く雌猫を恋い慕っているよ」といった意味の狂歌。「猫妻恋《ねこのつまこい》」と題されています。この狂歌は、近松門左衛門『大経師昔暦』の成立以前のものですから、この頃すでに「にゃんにゃん」が、艶《つや》っぽい使われ方をしていたことが分かります。「にゃんにゃん」は、男女関係をほのめかす猫の声なのです。

こんな夜這《よば》いの話もあります。

隠居「誰だ」
六介「ニャアン」
隠居「猫か」
六介「ハイ」

（『今歳咄二篇《ことしばなしにへん》』夜ばひ）

女の所に忍んで行く途中、隠居さんに足音をとがめられました。男は、猫をよそおって「ニャアン」と鳴いたまでは機転が利いたのですが、「猫か?」と聞かれて、思わず「ハイ」と答えてしまった間抜けな話。「にゃあん」を男が口にしていますが、これは男女関係を象徴する必要があるからです。「にゃあん」を、他の猫の声、たとえば「にゃあ」にしてみると、とたんに艶っぽさの消える箇所。

また、同じ頃に、こんな話も。

見世に美しいかみ様(=おかみさん)が、猫を抱いてゐるを、「ナント見やれ。とんだ美しい猫だナア」「ウン、あの猫を抱きたいな抱きたいな」。猫、きいて、「ニヤアンウウ」。女「べらぼう、うぬがこつちやねへ」。

(『新口花笑顔《しんこうはなえがお》』ねこ)

図15が、この様子をよく伝えています。左側では、男性二人が艶っぽいおかみさんに見惚《みほ》れている。右側には、その視線を意識するおかみさんと猫がいる。猫は、勘違いして「ニャアン」と色っぽい声をあげてしまったという話。

図 15　「抱きたいな」と言われて、「ニャアン」と色っぽく鳴く猫。（「新口花笑顔」『安永期　小咄本集』岩波文庫より）

「にゃん」「にゃあん」と、「ん」の入った猫の声は、江戸時代では、現代よりも淫靡《いんび》な意味合いを帯びていたと察せられます。

江戸時代は「にゃあ」が一般的

では、江戸時代では、現在の「にゃんにゃん」に該当するほど一般的な猫の声は、何だったんでしょうか？「にゃあにゃあ」です。現在では、「にゃあにゃあ」は、子猫などの弱々しさを感じさせる鳴き声に使います。たとえば、次のように。

吾輩は猫である。名前はまだ無い。どこで生まれたのか頓《とん》と見当がつかぬ。何でも薄暗いじめじめした所でニャーニャー泣いていた事だけは記憶している。
（夏目漱石『吾輩は猫である』）

「ニャーニャー」は、生まれたばかりで捨てられた猫「吾輩」の鳴き声です。
また、現在では、「こひつじメエメエ　こねこはニャー」（童謡「おもちゃのチャチャチャ」）という歌詞もあります。「にゃあ」は、現代では主に子猫の声を表わします。

でも、江戸時代では、子猫ばかりではありません。成猫の声も「にゃあにゃあ」です。

犬をわんわん、猫をにゃあにゃあとて教《をし》ゆるは、その鳴音《なくね》をいふのみ。

（『燕石雑志』四）

とあることから、江戸時代では、「わんわん」に対応する猫の声は、「にゃあにゃあ」であったことが分かります。

ふところにて猫ニャアとなく。「なんだニャアだ。古風《こふう》に泣くぜ。あんまりおさだまりだ。ワンとでも泣《ない》てくれりやァ、見せ物師に売《うつ》てお釜《かま》を越《おこ》すに」

（『浮世床』初編の中）

「ニャー」の声は、何の新しさもなくあまりにも決まりきっていると言っています。「ワン」の声に対応させているところからも、江戸時代では、「にゃあ」の声が、「にゃん」よりも一般的なのです。だいたい、前章「昔の犬は何と鳴く」で紹介した謎々《なぞなぞ》、「犬と猫のけんかとかけて、人殺しの念仏ととく。心はにやわん」がなりたつのも、江戸時代の最も一般的な猫の声は、「にゃあ」であったことを裏付けます。人殺しに念仏は「似合わん」というのですが、猫の声が「にゃあ」、犬の声が「わん」、それが当時の常識になっているから解ける謎々です。

また、江戸末期の『兎園小説《とえんしょうせつ》』には、こうもあります。

今も小児は猫をにゃあにゃあといふ。

猫の鳴き声「にゃあにゃあ」が、猫をさす名詞にもなっているのです。「にゃあにゃあが何をするのだ」（噺本《はなしぼん》『福山椒《ふくさんしょう》』）と、六歳のお屋敷の若殿様が家来に聞いている場面もあります。現代の子どもが猫のいる方を指差して、「にゃんにゃん」と言うのと同じ感覚で「にゃあにゃあ」を使っていたのです。

なのに、現代では、「にゃあ」よりも、「にゃん」の方が栄えているのは、なぜでしょうか？　「わんわん」の相手としては、「にゃんにゃん」の方が語呂が良くて釣りあっていること、「にゃん」の方が「にゃあ」よりも滑稽感が出ることが、まず理由として考えられます。現代では、ニャン運長久《うんちょうきゅう》を祈らばや。

（『吾輩は猫である』）

なんてしゃれのめした文もあります。「ニャー運」ではしまりません。「ニャンウン」となると、「ン」が呼応して語調がよくて滑稽感が出てきます。

さらに、「ニャン」の声は、よく分かるダジャレを作りやすいことです。「ニャンとせう」「ニャンとも分かるまい」「ニャンのことだ」などと。むろん、江戸時代の「ニャア」の声だってダジャレにかけては負けていません。「そうせニャア」「泣く子と地頭《じとう》ニャア」「序《ついで》ぢゃわいニャア」などと、掛けて楽しんでいます。けれども、猫の声「ニャア」は、掛けられた語と音が近すぎて、猫の声の掛かっていることが見過ごされやすいのです。

こうした理由から、現代では「にゃあ」より「にゃん」に運がついて栄えているのではないでしょうか。

切実な「にゃあご」

江戸時代には、この他「にゃう」「にゃあう」「にゃお」など、ナ行拗音《ようおん》「にゃ」を使った声がよくみられます。間男《まおとこ》が亭主に見つかりそうになり、思わず猫のまねをして「にゃう」（『醒睡笑《せいすいしょう》』巻七）。また、十八、九歳の娘が、オシャレをして猫を抱いて門口に立っていました。通る人が猫を褒めると、猫は「にゃあう」（噺本『飛談語《とびだんご》』）。また、『元禄太平記』には、「形は人でありながら、猫のまねしてにゃおにゃお」とあります。

さらに、現代になると、「にゃごにゃご」「にゃごおうにゃごおう」「にゃあごにゃあご」の声もあります。夏目漱石『吾輩は猫である』の猫は、ひもじくてたまらない時、哀れっぽい声で「にゃご」「にゃごおう」と鳴いてみせています。そして、自ら「にゃご」の声をこう説明しています。

今度はにゃごにゃごとやってみた。その泣き声は吾ながら悲壮の音《おん》を帯びて天涯の遊子《ゆうし》をして断腸の思《おもい》あらしむるに足ると信ずる。

それでも、人間には悲壮の音色は通じません。そこで、猫は、

にゃごおうにゃごおうと三度目には、注意を喚起する為《た》めにことさらに複雑なる泣き方をしてみた。自分ではベトヴェンのシンフォニーにも劣らざる美妙の音《おん》と確信しているのだが御三《おさん》には何等の影響も生じない様だ。

いくら鳴き声に猫の思いを込めてみても、所詮人間には分からないと、猫は悲嘆にくれています。

また、こんな短歌もあります。

犬ワンワン　猫ニャーゴニャーゴと　聴くとして　人間の声は　何と聴くべしや
（奥村晃作《おくむらこうさく》『父さんのうた』）

現代では、猫の切実きわまりない声が「にゃご」「にゃごおう」「にゃあご」と写されています。こうして、江戸時代から「にゃ」の音で写す猫の声は、ますます隆盛を誇っています。

では、江戸時代以前は、猫の声を何と写していたのでしょうか？

「ねうねう」を「寝よう寝よう」に掛ける

鎌倉時代の語源辞書『名語記《みようごき》』には、こんな意味のことが書いてあります。

問い　猫というけだものは「ねう」と鳴くのですが、なぜですか？
答え「ねえむ」を結合させれば「ねう」となります。「ね」は、「鼠」の「ね」、「えむ」は、「得む（＝得たい）」の意味です。だから「ねう」は、「鼠を得たい」と鳴いているのです。

かなりこじつけめいた「ねう」の語源説明ですが、それはさておき、注目したいのは、猫の鳴き声「ねう」です。猫は、「ねうねう」と鳴いていたのです。「にゃ」という音ではなく、「ね」で始まる猫の声です。

「ねうねう」の声は、実は、その前の平安時代の猫の声の延長上にあります。平安時代の猫の声は、『源氏物語』にこんなふうに出てきます。

図 16　唐猫を愛撫する柏木。猫は何と鳴いたか？（土佐光吉筆『源氏物語画帖』京都国立博物館蔵）

いといたくながめて、端近く寄り臥《ふ》したまへるに、来て、ねうねうといとらうたげになけば、かき撫でて、うたてもすすむかなとほほ笑まる。

（『源氏物語』若菜下）

「ひどく物思いにふけって縁側近くで物に寄りかかっていらっしゃると、唐猫《からねこ》がやってきて、『ねうねう』ととてもかわいらしい様子で鳴くので、かき撫でて『いやに積極的だなあ』と苦笑いなさる」という場面。猫をかき撫でて苦笑いしているのは、柏木《かしわぎ》という男性。彼は、人妻女三宮《おんなさんのみや》への思いを断ち切れずに、彼女のペットであった唐猫をもらい受け、それを愛撫することでかろうじて思いを紛らわせている男性です。彼は、猫が「ねうねう」と鳴くと、なぜ、積極的だと感じ苦笑いしているのでしょうか？　彼は、猫の声「ねうねう」を、「寝む寝む（＝寝よう寝よう）」と聞いたのです。「う」と記されている部分は、平安時代にあっては、意志の助動詞「む」に通じるような「ン」の音であったと察せられます。

図16は、室町末期から江戸初期に生きた土佐光吉の手になる『源氏物語画帖』。柏木が唐猫を愛撫しています。猫は彼に身をすり寄せ、「ネンネン」と鳴いています。

「猫」には遊女の意味も

「寝よう寝よう」と聞く猫の声は文学の世界では大変気に入られ、猫の声が一般に「にゃ」で始まる音で写されるようになった江戸時代にいたってまでも、延々と継承されています。

文明八（一四七六）年成立の『連珠合璧集《れんじゅがっぺきしゅう》』には、『源氏物語』を典拠とした連歌の付け句の発想例が見られます。

猫のトアラバ（からねこ）
つな　まり（源）柏木（同）　ねうねう（同）　かきなでて（同）虎
恋《こひ》わぶる　人の形見《かたみ》と　手ならせば　なれよ何《なに》とて　鳴く音《ね》なるらん

「猫」といったら、付け句になる素材は、「綱《つな》」「鞠《まり》」「柏木《かしわぎ》」「ねうねう」「かきなでて」などだというのです。柏木が女三宮に焦がれる思いを抱くきっかけになったのは、若者同士で蹴鞠《けまり》に興じている時、綱をつけた唐猫が外に出ようとして偶然に巻き上げられた簾《すだれ》の奥にあどけない少女のような女三宮を見てしまったからなのです。「綱」「鞠」も、すべて『源氏物語』の「猫」がらみの素材なのです。「恋《こひ》わぶる」の和歌は、『源氏物語』の柏木の詠んだ歌の引用です。『源氏物語』の柏木の猫の話がいかに有名であったかが分かります。猫の声「ねうねう」も、付け句のための素材になっているのです。また、江戸時代になって、一般に猫の声が「にゃあ」と聞かれるようになっても、「ねうねう」の鳴き声は、文学の世界で生き続けています。

手飼《てが》ひの猫のより所なげに、来て、ねうねうとうち鳴くさへ、おのづから春した
ひ顔にきこゆる心ばへ　　（北村季吟《きたむらきぎん》『山の井』三月尽）

春の終わりの風情です。茶室の炉も寝室の炬燵《こたつ》もふさいでしまったので、猫の居場所がなくなって、「ねうねう」と拠り所なさそうに鳴いて寄って来るのさえも、春を慕っているように聞こえて、といった意味です。ちょっと付け加えておきますと、「ねうねう」の発音は、鎌倉時代以後は、平安時代とは違って、文字通り「う」と発音していたと思われます。というのは、意志の助動詞「む」は、鎌倉室町時代を通じて「う」の音に変化しているからです。また、鎌倉時代以後には、「ん」の表記が発達してき

ますから、もし「ん」の発音であれば、そのとおりに「ん」と記したと考えられるからです。

江戸時代には、「ねうねう」が拗長音化して「にょうにょう」となった猫の声も見られます。江戸の流行歌を集めた『松の葉』には、こんな歌が載っています。ひそかに思う男を持った遊里の女の恋心を歌ったもの。

由《よし》なの猫の　身をそぼ濡れて　馴れよにょうとは　また嘘ばかり

（『松の葉』三巻、うたたね）

「どうにもならない猫の身を、しっとり濡れて馴れなさい、寝ようとはまた嘘ばっかり」といった意味。「猫」は、遊里の女を意味する言葉でもあります。「にょう」の猫の声に「寝よう」の意味をかけています。『源氏物語』の猫の声「寝よう寝よう」は、こうして一般の猫の声の変化とはかかわりなく延々と江戸時代まで、文学的な世界で継承されてきています。

猫はいつから日本にいたか

そもそも、猫はいつから日本にいたのでしょうか？　『国史大辞典』をはじめとする辞典類の解説によれば、飼猫《かいねこ》は奈良時代に大陸から渡来したようです。それ以前には野性の猫が日本にはいました。古墳時代以前の遺跡から猫の骨が出土しています。

平安時代になると、天皇をはじめ貴族たちは、中国から渡来した唐猫を愛育していました。そのかわいがり方は並一通りではなく、猫が子を産むと祝賀パーティまで開いています。彼らの記した日記や物語にそうした記事が現れます。猫は、上層貴族の間で飼われる貴重なペットだったのです。

そういえば、彼らの呼名「ねこ」も、『源氏物語』の猫の声から推測できるように、その鳴き声「ね」に、可愛いものを表わす接尾辞「こ」がついてできた名前だと思われます。猫は、最初から日本人には「ねー」と聞こえる声で鳴いていたのです。

日本人は、可愛いものには「こ」をつけたがります。「ひよひよ」鳴く可愛い雛鶏は「ひよこ」。「べー」と鳴く愛すべき牛は「べこ」。冒頭の「めだかの兄妹」の歌に見るように、私たちが「ねこ」のことを「にゃんこ」と呼ぶのと同じ感覚です。「ねー」と鳴く可愛い生きものが、「ねこ」だったのです。

（3）チウき殺してやらう――鼠――

鼠の名前には「忠」がつく

「チウき（突き）殺してやらう」とは、いささか物騒《ぶっそう》な題名ですが、なに、大したことはありません。後で述べるように、鼠同士の戦いで口にする鼠のセリフなのです。自らの鳴き声「チュウ」を掛けて言った言葉。現代人も、鼠の声を「チュウ」と聞きます。

鼠が二三匹がたがたと騒いで、何かで壓《おさ》えつけられたかと思ふやうにちうちうと苦《くる》し げな声を立《た》て鳴いた。

長塚節《ながつかたかし》の小説『土』の一節です。「ちうちう」は、農家に住みつく鼠たちの声。

童話や童歌《わらべうた》を思い出しても、鼠はいつも「チュウ」と鳴いています。たとえば、『ずいずいずっころばし』の歌。

ずいずい　ずっころばし
胡麻味噌　ずい
茶壺に追われて　ドッピンシャン
抜けたァら　ドンドコショ
俵の鼠が米食って　チュウ
チュウ　チュウ　チュウ　チュウ

明治時代の中頃から歌われ始めた童歌。子供たちは、遊びの中で鬼を決めたりする時に、皆でゲンコツを出し合い、それを一つずつ指でさしながらこの歌を歌います。歌詞の終わりに当たった人が、鬼です。
また、こんな手まり歌もあります。

むこうの山のなき鳥は

ちゅうちゅう鳥か　みい鳥か
忠三郎《ちゅうさぶろう》の土産《みやげ》に何もろた
銀のかんざしもろた
屏風のかげに置いたらば
ちゅうちゅう鼠がひいてった

群馬に伝わる手まり歌。これらの文や歌には、鼠と共に生活してきた日本人の歴史がにじみでています。そして、日本人は、鼠に名前まで与えてきたんですね。手まり歌にみられる「忠三郎」は、鼠に与えられた名前ではないようですが、鼠の名前は、たいていこんなふうに「忠」がつきます。鳴き声「チュウ」から連想される名前だからです。たとえば、「忠太郎」。

ねずみのちょろすけ、忠太郎

と歌い出す遊戯の歌もあります。これは、私が小学二年生の時、学芸会でハッピを着て、鼠の面をつけて踊った時の遊戯歌なんです。鼠の名前には、ほかに「忠公」「忠兵衛」「忠左衛門」などがあります。名前にまで使われる鼠の声「チュウ」は、一体、何時《いつ》から日本語の歴史に登場してきたのでしょうか?

「チウ」は江戸から

江戸時代からです。というのは、室町時代以前には、鼠の声を「ちうちう」と写した例が、見あたらないのです。比較的古い例と思われるものでも、一七〇〇年前後のものです。

たとえば、図17に示した江戸時代の絵本『猫鼠合戦《ねこねずみかっせん》』。おおよそ一七〇〇年前後に成立したものと察せられます。横暴な鼠たちに腹を立てた猫が、鼠退治にのり出す話。鼠と猫の攻防戦が展開します。図では、猫がやって来ますとばかりに、後の方を指さす白鼠のセリフの最後に「ちうちう」の語が見られます。

江戸時代も後期になると、「ちうちう」の例は、よく見られます。

弥二「だだっぴろいばっかりで、人が少ないから、うそきみの悪い家だ。」と目ばかりぱちぱちしていると、鼠が天井をかける音、からからから、チウチウチ

図17　猫どもがやってまいりました。「ちうちう」。(「猫鼠合戦」『赤本昔はなし』の内　国立国会図書館蔵)

ウ

北八「ヱヱ鼠までが馬鹿にしやァがつて、小便をしかけた」

（十返舎一九『東海道中膝栗毛』三編下）

御存知『東海道中膝栗毛』の一節です。臆病な弥次さんと喜多さんは、男におどかされて、いやが上にも恐怖心をつのらせています。鼠にまで馬鹿にされている始末。

また、図18は、『和漢鼠合戦《わかんねずみかっせん》』の一コマ。「和（＝日本）」の鼠と「漢（＝中国）」の鼠の合戦を描いた絵本です。源平合戦をもじっているのです。むろん、日本の鼠が勝利をおさめます。なにせ日本の絵本ですから。でも、中国の鼠も日本の鼠も、鳴き声はともに「ちう」。まず、日本の鼠が攻めてくると聞いて、中国の鼠は怒って言っています。

「日本ねずみのちょこざいめら、ちうとも言はせずつきとめてくりゃうぞ。」

「ちう」が、鼠の鳴き声。いよいよ戦いの場面になると、日本の鼠は、中国の鼠に向かって言います。

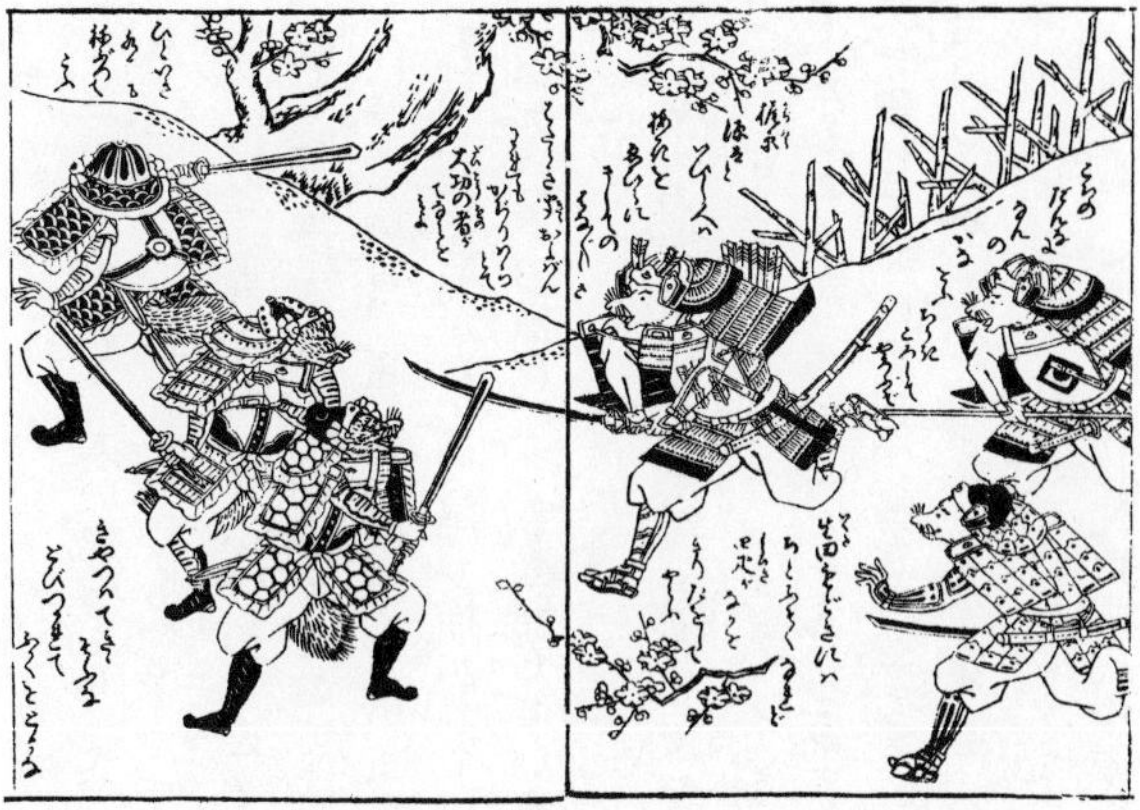

図18　「こちのだんなになんのかなわう。ちうきころしてやらうぞ」と、右端の上の鼠は豪語している。（「和漢鼠合戦」岩波新書刊『近世子どもの絵本集　上方篇』より）

「おのれらは、ちうさいなりをして太い尾をふりまわし、憎っくいやつらの。」

「ちうさい」は、「小《ちい》さい」のこと。「ちいさい」のことを、当時「ちうさい」とも言っていました。それに、鼠の鳴き声「ちう」を掛けたのです。図18の左手にいる三匹が、中国の鼠。いずれも太い尾を持ち、顔に毛が生えています。対するは、日本の鼠。図の右手にいる三匹がそれ。顔に毛がなく、尾も描かれていません。中国の鼠を追いつめながら、一番後ろにいる日本の鼠は、こう豪語しています。

「こちのだんなに、なんのかなわう。ちうき殺してやらうぞ。」

「日本の鼠にどうしてかなおうか。突き殺してやろう」と息巻いているんです。「ちうき殺して」は、「突き殺して」の意味。鳴き声「ちう」を効かせたセリフ。日本の鼠は、掛詞好きです。自らの鳴き声「ちう」を「突き」の語に、かなり強引に掛けています。

鼠の声「チュウチュウ」は、このように江戸時代中頃から一般化し、現代に至ると考えられます。では、それ以前は、どんな言葉で鼠の声を写したのでしょうか？

一時栄えた「チイチイ」

同じく江戸時代のことですが、「ちうちう」の声の少し前に、鼠の一般的な声として「ちいちい」が栄えた時期があったらしいのです。たとえば、天明元（一七八一）年に刊行された洒落本『新吾左出放題盲牛《しんごさでほうだいもうぎゅう》』の序に、こんな文があります。

そんなら今年　子《ちいちい》の暮《くら》やみから、うしの春へ牽《ひき》ずり出さうとモウーす。

「くらやみへ牛を引き出す」という諺《ことわざ》をふまえた文です。「子」に「ちいちい」のふり仮名が付けられています。「子」は「子年《ね》」の「子」で、鼠を意味します。鼠のことを「ちいちい」と呼んでいます。「犬」のことを「わんわん」、猫のことを「にゃあにゃあ」と呼ぶように、「ちいちい」の語は、鼠そのものを意味できるほど、鼠の鳴き声として一般的であったことが分かります。牛といえば、「モウー」の声を思い出すように、鼠といえば、「ちいちい」の声を思い出すほど知られていたのです。

また『ねずみ俄《にわか》』という絵本があります。享保年間（一七一六〜一七三六）から大阪で大流行した「俄」（＝即興の思いつきで演じた滑稽な寸劇）の趣向をとり入れた絵本です。その中に、お正月、大黒天に奉仕する鼠たちを描いた場面があります。そこで、一匹の鼠が、

「おねの小太郎、ちいちい」

と言っています。また、同じく絵本『ねずみ文七《ぶんしち》』でも、襟首をつかまれた鼠が、

「やれ、雷《かみなり》、臍《へそ》かくせ。ちいちい」

と叫んでいます。

「ちいちい」の声の前身と思われる「ちち」の声は、江戸時代の初めから見られます。寛文六（一六六六）年の狂歌集『後撰《ごせん》夷《い》曲《きょく》集《しゅう》』に、こんな歌があります。

君がちち　と鼠鳴《ねずなき》して　よぶ時は　猫せなかにて　はひ忍ぶらん

「あなたのする鼠の鳴きまねを、猫は鼠かと思い、あなたの背中によじのぼり、じっと様子を伺《うかが》うであろう」といった意味。猫の姿がありありと見えそうな狂歌です。

同じく江戸初期の狂歌集『銀葉夷歌集《ぎんよういかしゅう》』にも、こうあります。

猫足の　膳部《ぜんぶ》につかふ　初物《はつもの》は　ちちちと計《ばかり》　鼠茸哉《ねずみたけかな》

「猫の足をかたどった脚をもつお膳に載せる初物は、ちょっとばかりの鼠茸」といった意味。猫に好物の鼠をあしらって面白さをねらった歌です。「ちちち」は鼠の鳴き声ですが、分量がわずかであることを表わす「ちちと」に掛けています。当時、鼠茸は貴重。少量しかお膳に載せられません。

「チイチ　チイチ　チイチ」という鼠の声も、狂言「福祭」（『狂言三百番集』）に見られます。これら「ちち」「ちいち」と同系列の「ちいちい」の声は、「ちうちう」の声が一般化するまでの間、隆盛を誇った鼠の声と察せられます。

室町時代までは「シウシウ」

では、江戸時代より前では、鼠の声はどのように写されていたでしょうか？　「しうしう」です。というと、怪訝《けげん》な顔をされる方もあるかもしれません。ですが、室町時代の初めにこんな漢詩があるのです。延文四（一三五九）年の序のついた『空華集《くうげしゅう》』に記載された、「鼠ヲ戒《いまし》ム」と題する漢詩。作者は、五山の僧侶、義堂周信《ぎどうしゅうしん》。昼間まで出てきて公然と動き回る鼠に、周信さんは、腹を立てるやら、呆《あき》れるやら。そこで、鼠を戒めようとしてつくった漢詩です。読み下し文で示します。

昼ハ潜《ひそ》ミ夜ハ出ヅル、鼠ノ常ナリ
何ゾ更ニ啾啾《しうしう》トシテ白日ニ忙シキ
縦《たと》ヒ汝 幸《さいはひ》ニ午猫ノ睡ルニ遭《あ》フモ
鳥摶《つか》ミ鳶《とび》攫《さら》フ、慎《つつし》ミテ防グベシ
（『空華集』巻三）

「昼は、じっとしていて夜出てくるのが鼠というものだ。なんで、啾啾と鳴いて、昼間なのに忙しく動くのだ。たとえ、おまえたちは、運よく昼寝の猫に会おうとも、鳥はおまえをつかみ、鳶はおまえをさらって行くのだから、慎んでおとなしくしなさい」と、鼠に言い聞かせています。

「啾啾」が、鼠の鳴き声を写す言葉です。漢詩だから鼠の声を「啾啾」と写すのだとお思いの方には、雀の声も室町時代までは「しうしう」と写したことをお知らせすれば、納得していただけるでしょうか。

亀井孝さんの「すずめしうしう」（『亀井孝論文集3』吉川弘文館）によれば、現在は「チュンチュン」と聞く雀の声も、室町時代までは、「しうしう」と聞いていたのです。

ねやのうへに　すだくすずめの　こゑばかり　しうしうとこそ　ねはなかれけれ
（藤原公重《ふじわらのきんしげ》『風情集』）

「寝室の上に群がり集まっている雀のシウシウと鳴く声ばかりして、私も雀と同じく声をたてて泣かれることだ」といった意味の歌です。藤原公重は、平安後期の歌人。雀の声が「しうしう」と写されています。

調べてみますと、雀声の「しうしう」は、室町時代以前の日本人の一般的な聞き方であったらしく、辞書にも登録されています。たとえば、平安末期の国語辞書『色葉《いろは》字類抄《じるいしょう》』は、こう記しています。

啾啾《シウシウ》 雀声　（下巻）

雀の声が「しうしう」であったことが分かります。しかも、「しうしう」の語には「啾啾」の字をあてて表記することも分かります。「啾啾」は、元来、鳥・虫・けものあるいは女や子供などがなく時に出す、か細い声を意味する漢語です。先に引用した「鼠ヲ戒ム」の漢詩でも、鼠の声「しうしう」に「啾啾」をあてていましたね。

鎌倉時代の語源辞書『名語記《みようごき》』もこう記しています。

スズメノナクコヱノ　シウ　（巻六）

『名語記』は、別の箇所で「スズメというのは、シウシウメキ（＝シウシウする）から出来た言葉だ」という面白い語源説明をしています。語源説明が本当かどうかは別にして、雀の鳴き声が「シウシウ」であったことだけは確かです。現在「チュンチュン」とタ行拗音で写される雀の声も、このように、室町時代までは「シウシウ」とサ行音で写されていたのです。

とすれば、鼠の声を写す言葉は、今のところ、先の漢詩の例しか見あたりませんが、雀の声と同様に、室町時代までは「しうしう」であったと考えてよいでしょう。これは、既に拙著『ちんちん千鳥のなく声は―日本人が聴いた鳥の声―』（大修館書店）で述べたところですが、日本人は、雀の声と鼠の声を同じ言葉でとらえる傾向があるのです。

鼠と雀は同じ声だった

たとえば、雀の口やかましく鳴く声と鼠のせわしなく鳴く声とを、ともに室町時代まで「じじ」という言葉で写してきています。

さらに、江戸時代以後一般的になった鼠の声「ちいちい」も「ちうちう」も、実は、江戸時代によく知られた雀の声でもあるのです。

烏《からす》のかあかあと鳴きくらし、雀のちいちいと同じ事さへづるに、飽かずやありけむ
(森川許六《もりかわきょろく》『要文集《ようぶんしゅう》』序)

「ちいちい」は、烏の「かあかあ」と並べられるくらいに有名な雀の声です。

また、江戸時代、最も一般的な雀の声は「ちうちう」です。「舌切り雀」の話でも、江戸時代の絵本でみると、雀は「ちうちう」と鳴き、鼠と同じなのです。

したきりすずめ　おやどはどこだ　チウチウチウ
(『赤本昔はなし』のなかの「舌切雀」)

とあります。

天保六(一八三五)年の序のある『続鳩翁道話《ぞくきゅうおうどうわ》』には、こんな歌も載っています。

人の子も　学べあしたに　雀子《すずめこ》も　ちうと夕べに　鼠子《ねずみこ》も鳴く

「ちう」の声は、雀の声でもあり、鼠の声でもあることが分かります。「ちう」の声は、

「忠」を思い起こさせ、人間も、朝に夕に「忠」の精神を学びなさいと、鳩翁《きゆうおう》さんは教訓を垂れています。

また、芭蕉のこんな句もあります。

雀子と声鳴きかはす鼠の巣

雀と鼠の声は、互いに鳴き交わすほど、よく似ているのです。

日本人は、鼠の声も雀の声も、室町時代までは「しうしう」と聞き、江戸時代以降は「ちいちい」「ちうちう」とまた同じ言葉で聞いてきたのです。

私はあなたに「ムチュウ」

ところが、現代では、鼠の声は「チュウチュウ」、雀の声は「チュンチュン」と、両者を違った言葉で聞いています。現代語の『擬音語・擬態語辞典』(天沼寧編、東京堂出版)をひいてみても、「ちゅうちゅう―ねずみの鳴き声」「ちゅんちゅん―すずめの鳴き声」と出てきて、両者はきっぱり区別されています。

いったい、いつごろから、鼠の声と雀の声を写す言葉は、袂《たもと》を分かったのでしょうか？ 近代になってからです。大正時代になると、雀の声を「チュンチュン」と写すことが目立ちはじめます。その頃作られた童謡は、こぞって雀の声を「チュンチュン」としています。雀の声を写す言葉の方が変化して、鼠の声に別れを告げました。そして、「チュウチュウ」は、鼠の声を写す専用語となっていきました。

日本のねずみ　アメリカのねずみ　みんなきょうかしょは　おなじだって　チュウチュウ　チュウチュウ
（与田準一「ねずみのきょうかしょ」）

鼠の声は、江戸時代から「チュウチュウ」であり続けています。

でも、近代化につれて鼠が人前から姿を消しつつあります。むろん、その声を耳にすることも少なくなってきています。長谷川恩《はせがわめぐみ》さんの紹介するシャレ「私はあなたに鼠六匹《むちゅう》」（『ネズミと日本文学』時事通信社）などと言っても、通じなくなる日がやってくるかもしれません。

（4）モウモウぎうの音も出ませぬ——牛——

万葉の牛は英語式

英語では、牛の鳴き声は、“moo《ムー》”。現代の私たち日本人は、ふつう牛の声を「モー」と聞きます。ですから、同じ牛の声でも、日本語と英語とでは、聞き方が少し異なるなあと思っていました。

ところが、です。奈良時代成立の『万葉集』に、牛の声を「ム」と聞いていた証拠があったのです。つまり、昔の日本人は、英語と同じく、牛の声を「ム」の音で聞いていたのです。『万葉集』の歌はこうです。

かくしてや　なほやまもらむ　大荒木《おほあらき》の　浮田《うきた》の杜《もり》の　標《しめ》にあらなくに

（巻一一　二八三九）

「こんなふうな状態で、やはり老いてゆくのでしょうか。私は、大荒木の浮田の杜の標ではないのに」といった意味の歌です。「杜の標」というのは、神域を示す立入禁止の印。思う男が、中途半端な態度をとっているんでしょう、女は、「私は杜の標ではないのに」と思っています。男の積極的な態度をのぞんでいるともとれる歌です。

さて、牛の鳴き声は、どこに？　「なほやまもらむ」の「む」に、牛の声が込められています。この箇所の原文は、こう記されています。

猶八戍牛鳴《なほやまもらむ》　（『万葉集』の原文）

これを「なほやまもらむ」と読むのです。「牛鳴」の部分は、推量の助動詞「む」を意味する箇所で、「む」と読みます。「牛鳴」と書いて「む」と読ませています。当時、牛の鳴き声が、「ム」であることが広く知れ渡っていたからこそ成り立つ表記法。「戯書《ぎしょ》」と呼ばれるユーモラスな表記の仕方です。

では、奈良時代の人が「馬声」と書くと？　「イ」と読みます。馬の鳴き声は、「イバユ」「イナク」（後世のイナナク）の語から推測できるように、古くは「イ」と聞いていたからです。では、奈良時代の人が「蜂音」と書いたら？　「ブ」と読みます。蜂の羽音を「ブ」と聞くからです。

奈良時代人のおちゃめな戯書のおかげで、私たちは、彼らが動物の声をどう聞いていたかを知ることができるわけです。

『日本言語地図』（国立国語研究所編）を丹念に見てゆくと、現在でも、牛の鳴き声を「ムー」「ムームー」と聞く地方があります。秋田県の下浜村《しもはまむら》（現・秋田市）、石川県の美川町《みかわまち》（現・白山市）、奄美の龍郷町《たつごうちょう》や瀬戸内町《せとうちちょう》、沖縄の勝連町《かつれんちょう》（現・うるま市）などです。これらの地方では、奈良時代からの古い語形を現在に伝えているのです。

方言に残る「ンモ」

平安時代後期になりますと、牛の声を「ムモ」と記した例に出合います。承保二（一〇七五）年の『悉曇要集記《しったんようじゆうき》』です。すでに、犬の声のところでも触れましたが、さらに後ろの文まで必要なので、もう一度引用します。

吽 牛喉反ホユル《クム》 聲《ムモ》也 咩 羊ヒツシ《ヌイ》聲也 吠 犬之音也《ヘイヒヨ》 嗎 馬之音也《ミ》

牝牛之音如羊 咩《ホユル》聲 其形亦似羊云々

まず、最初に「吽」の字が出て来ます。意味は、牛の「ほゆる」声と書いてあります。牛もほえるんです。柳田征司《やなぎだせいじ》さんの『詩学大成抄《しがくたいせいしょう》の国語学的研究』（清文堂）によりますと、昔は騒がしくうるさいというマイナス評価が加わると、「鳴く」ではなく、「ほゆ」を使うのです。だから、犬・牛・羊のみならず、鳥や蛙が騒がしく鳴くときにまで「ほゆ」が使われています。

さて、牛の「ほゆる」声は、「ムモ」と記されています。「聲（＝声）」の横に、小書きされているものが、それです。つまり、牛の鳴き声は「ムモ」と記されるような語だったのです。当時は、すでに何回も説明しましたように、撥音表記が不確定です。「ムモ」の「ム」も、現在の「ム」の音ではなく、撥音「ン」に近い音を表わしていた可能性が高い。ですから、実際の発音は「ンモ」に近いものであったと思われます。

方言に残存する牛の声を調べてみても、「ムモ」と聞く地方はないのですが、「ンモ」「ンモー」「ウンモー」「ンモン」「ンモーン」などと撥音「ン」で聞く地方ならあります。このことからも、「ムモ」の「ム」は、「ム」の音を表わしているのではなく、現在の「ン」に近い音を表わしていると判断した方がよさそうです。

牛の声は、このように現在の「モー」に連なる「ンモ」の声が、平安末期の文献にすでに見られます。奈良時代に見られた牛の声「ム」は、この時代にはすでに衰えて、「モー」系列の語が勢力を得ていたことが分かります。牛の声を「モー」系列の語で聞く歴史は、かなり古くから始まっていたのです。

ところで、先に引用した『悉曇要集記』の二行目に注目してみてください。面白いことが書いてあります。「牝牛《めうし》の音《こえ》は、羊の咩《ほ》える声のようである。その形も、また羊に似ているという」と。とすると、「ムモ」と記された牛の声は、牛の鳴き声の代表ではありますが、メスの声は、別にあることになります。それは、羊と同じだというのです。

では、羊は何と鳴くんでしょうか？　一行目の「咩」の字に「ヌイ」と鳴き声が記されています。「メイ」の書き誤りでしょうね。「ヌ」と「メ」は、カタカナではよく似ていますから。とすれば、牝牛の声は「メイ」。

現在でも、群馬県吾妻郡《あがつまぐん》では、牝牛の鳴き声を「メー」と聞いています。中勘助《なかかんすけ》も「隣の乳牛が埒《らち》のうへから頸《くび》をのばして　めえ　といふ」（『銀《ぎん》の匙《さじ》』）と牝牛の声を「メー」

と記しています。牝牛の声を牡牛の声と区別して「メー」と聞く歴史は、延々と続いて現代にいたっているのです。

牡牛は「モー」、牝牛は「メー」

たとえば、室町時代から江戸時代にかけて楽しまれた舞台芸能、狂言の『牛馬』には、こんなセリフが見られます。牛馬売買市場での出来事。牛売りと馬売りが互いに自分の売り物の自慢をして売買に最も適した目立つ場所をとろうと争う話。牛売りは、牛の自慢をして言いました。

されば牛も心有ればこそ、風枯木を吹けば、晴天《はれてん》のあめーと牝牛吟《めうじぎん》ずるこゑを、牡牛《をうじ》聞いて、月平砂《つきへいさ》を照らせば夏の夜のしもーと、此両牛の声をえて、朗詠にも作られたり。（大蔵虎寛本『能狂言』上）

牛売りによれば、牛も風流を解するのだというのです。牝牛が、「風枯木を吹けば、晴天の雨《あめー》」と吟ずると、牡牛は、「月平砂を照らせば夏の夜の霜《しもー》」と吟じかえしたというんです。「あめー」の「めー」には牝牛の鳴き声が、「しもー」の「もー」には牡牛の鳴き声がかかっています。牡牛は「モー」、牝牛は「メー」と、鳴き声の区別をしています。

また、江戸時代のごく初めに成立した笑話集『醒睡笑《せいすいしょう》』には、こんな話が載っています。「」内は、原文そのままの引用です。

宗祇《そうぎ》とその高弟宗長《そうちょう》が、海岸を散策していた。漁師が海藻をひきあげている。宗祇がその名を問うと、漁師は答えた。「めとも申し、もとも申す」と。それを聞いて、宗祇は良い前句が出来たといって吟じた。「めともいふなり　もともいふなり」。そして、宗長に、これに句を付けるようにと命じた。宗長は、「引き連れて　野飼ひの牛の　帰るさに」と付けた。「牝牛はうんめとなき、牡牛はうんもとなく」からである。宗祇は感心きわまりなかったという。

牡牛の声を「ウンモ」、牝牛の声を「ウンメ」と区別して聞くことが一般に知れわたっていたのです。現在でも、愛媛県温泉郡中島町大浦（現・松山市中島大浦）では、「ウンモー」と「ウンメー」とを使い分けています。ただし、現在では、牡牛と牝牛の声の区別ではなく、親牛と子牛の鳴き声の区別になっています。

こんなふうに、牛の声をオスとメスとに区別して聞く系譜があります。ですが、常に両者を区別して聞くわけではありません。「メー」の語が、「モー」の語と同じく牛一般の鳴き声を表わすこともあります。

東北では「メー」と鳴く

狂言に『木六駄《きろくだ》』という曲目があります。都に住む伯父の家に、木六駄（＝牛六頭に背負わせた薪《たきぎ》）と炭六駄（＝牛六頭に背負わせた炭）と手造りの酒をとどけるようにと、主人が、召使いの太郎冠者に命じました。外は、大雪。太郎冠者は、峠の茶屋で一休みしました。余りの寒さに酒を注文したのですが、茶屋ではあいにく酒を切らしています。そこで、運搬中の酒に手をつけはじめました。牛が太郎冠者の方を見ています。太郎冠者は少々良心の呵責《かしやく》を感じて、言いました。

や、あの斑《まだ》ら牛は最前から某《それがし》の顔をぢろりぢろりと見て、何ぢや、めー。今一つ酒を飲めーといふ事か。

（『狂言集』日本古典全書）

流派によって、本文が少しずつ異なりますが、これは鷺流《さぎりゅう》台本。牛の鳴き声は「めー」です。「酒を飲めー」の「めー」にも、牛の声がかけられています。「めー」は、牝牛の声に限定されているわけではなく、牛一般の鳴き声です。

しかし、「メー」の語で牛の声一般を表わした例は、探してみてもきわめて少ない。方言でも、牛の声一般を「メー」と聞くのは、青森県、秋田県、岩手県中央部、山形県、宮城県といった東北地方です。

それに対して、「モー」系列の語で、牛の鳴き声一般を表わす例は、すこぶる多い。一体、どういうことなのでしょうか？

徳川宗賢《とくがわむねまさ》さんは、『日本の方言地図』（中公新書）で、「メー」の声が「国の両端や辺地に見られることから」「メー」の声が古く、その後で「モー」系列の語が発生し、広まったのではないかと推測しています。魅力的な考え方ですが、文献的には「モー」系列の語の発生も相当古く「メー」系列の語と大差がないと見なければなりません。なぜなら、すでに見たように、平安後期には、「ムモ」と記された「モー」系列の語と牝牛の「メー」系列の語が並行して用いられていたからです。

「モー」系列の語が「メー」系列を圧倒して隆盛を誇るのは、発生が新しいからではなく、牛の鳴き声としての弁別性に優れていたからだと、私は考えています。「メー」の語は、羊の鳴き声をも表わし、牛の鳴き声専用の言葉ではありません。ところが「モー」系列の語は、牛以外の鳴き声には用いられず、他と紛れることがなく都合がいいのです。こうして、「モー」の語が牛の鳴き声を表わす専用語の地位を獲得していった、と私は考えています。

「モー」の活躍

江戸時代には、「モー」の声は、ごく素直に、牛の声を表わすだけの場合の他に、掛詞としても、ダジャレとしても大活躍です。まず、純粋に牛の声を写したと見られる例をあげてみます。狂言『横座《よこざ》』から。

(牛主) 今一こゑぢゃ程に、答《いら》へてくれい。横座よ。
(牛) もう。
(牛主) そりや、答《いら》へました。
(大蔵虎寛《おおくらとらひろ》本『能狂言』下)

横座というのは、牛の名前。秘蔵の牛が、綱を離れ、他人に拾われてしまいました。牛主はその牛を取り戻したいと思い、拾った男に掛け合います。けれども、拾った男も、所有者である証拠を見せねば返さないと頑張ります。牛主は、自分が「横座」と呼ぶと、牛が答えると苦しまぎれに主張します。三回しか牛の名前を呼ぶことを許されなかった牛主は必死。三回目には長広舌《ちようこうぜつ》を振るって時間稼ぎをしている牛主に、ようやく牛が「もう」と返事をしたという話。

次は、掛詞になった牛の声の例。丑年のこと。旧暦を使っているから旧年のうちに立春が来てしまいました。そこで、『古今和歌集』の冒頭の「年の内に春は来にけり」の歌をもじって、こう詠みました。

年の内に　丑の春日の　もう来ぬと　難波の芦辺　角《つの》を見せけり

（狂歌集『糸の錦』）

「年内に丑年の立春がもうやってきたと難波の芦辺のあたりに角を見せたよ」といった意味。牛が待ち兼ねて、すぐそこまでやってきて角をちらつかせているとおどけたもの。牛の鳴き声「モー」に、副詞「もう」を掛けています。

あめ牛の　尾山の桜　咲きにけり　もう角樽《つのだる》の　口ひらかむか
（『長崎一見狂歌集』）

という、のんびりした春の狂歌もあります。「桜も満開、花見で酒樽ももう開こうか」といった意味。「あめ牛（＝飴色をした牛）」「尾」「モー」「角」と、牛に関するものでまとめあげた狂歌です。

また、牛の声「モー」は、動詞「申す」にも、よく掛けられます。

今年子《ちいちい》の暮《くら》やみから、うしの春へ牽《ひき》ずり出さうとモウーす。

酒落本『新吾左出放題盲牛』の序に見えるものです。

狂言『木六駄』でも、大蔵流台本では、牛を連れた太郎冠者は、牛の声を響かせて、

も、物申《ものもう》、案内モーッ。

と、どなっています。「モーッ」は、「申す」との掛詞。

また、牛の声「モーモー」は、悲鳴の気持を表わす「もうもう」にも掛けられます。

泣声や　もうもう許せ　もう許せ　身を牛鬼《うしおに》が　せめてしばし は

（『長崎一見《ながさきいつけん》狂歌集』）

「十界地獄《じつかいじごく》」を詠んだ狂歌。「牛鬼」は、地獄にいる牛の形をした怪物です。牛鬼だから、鳴き声は牛と同じとみたのでしょう、「もう許しておくれ」と、牛の声をひびかせて頼んでいます。

こんなダジャレもあります。寛政四（一七九二）年成立の黄表紙『桃太郎発端《ほつたん》話説《ばなし》』に見られる例です。

勧学院《くわんがくゐん》の雀は蒙求《もうぎう》を囀《さへづ》ると申しますが、私はお前方に勧学《くわんがく》（＝学問をすすめ励ます）される雀でござれば、モウモウぎうの音も出ませぬてや。

『蒙求』は、諺になるほど広く日本で読まれた中国の書物。『蒙求』から、「モウモウ」

と「ぎう」の音も出ませぬとが出てくるのですが、同時に、「モウモウ」に牛の鳴き声を、「ぎう」に「牛」を掛けたダジャレでもあります。

このダジャレは、よく行われたらしく、明治初期の書物にも、見られます。図19は、明治五（一八七二）年刊の『牛店雑談安愚楽鍋《あぐらなべ》』の挿絵。右側は、明治になって西洋風になり日本人も牛肉を食べるようになって価値の上がった牛の姿。ラシャのマントにズボンに靴といった西洋風のスタイル。左側は、それをうらやみ皮肉を言う馬の姿。昔ながらの着物に草履《ぞうり》といった和風スタイル。ですが、牛は、ひどくぐちをこぼします。それを聞いて馬は、いろいろと言ってきかせます。すると、牛が、最後に言いました。

「そうきけば、なるほど尤《もっと》もだ。モウモウぐちは云ふめえ。アア牛《ぎう》の音《ね》もでねえ。」

江戸時代末期には、牛の声と言えば、「モー」以外には思いつかないほど、「モー」が一般化しました。文政一三（一八三〇）年の序のつく随筆集『嬉遊笑覧』は、

　牛の声をもうもうと聞くことは、昔もかはらず

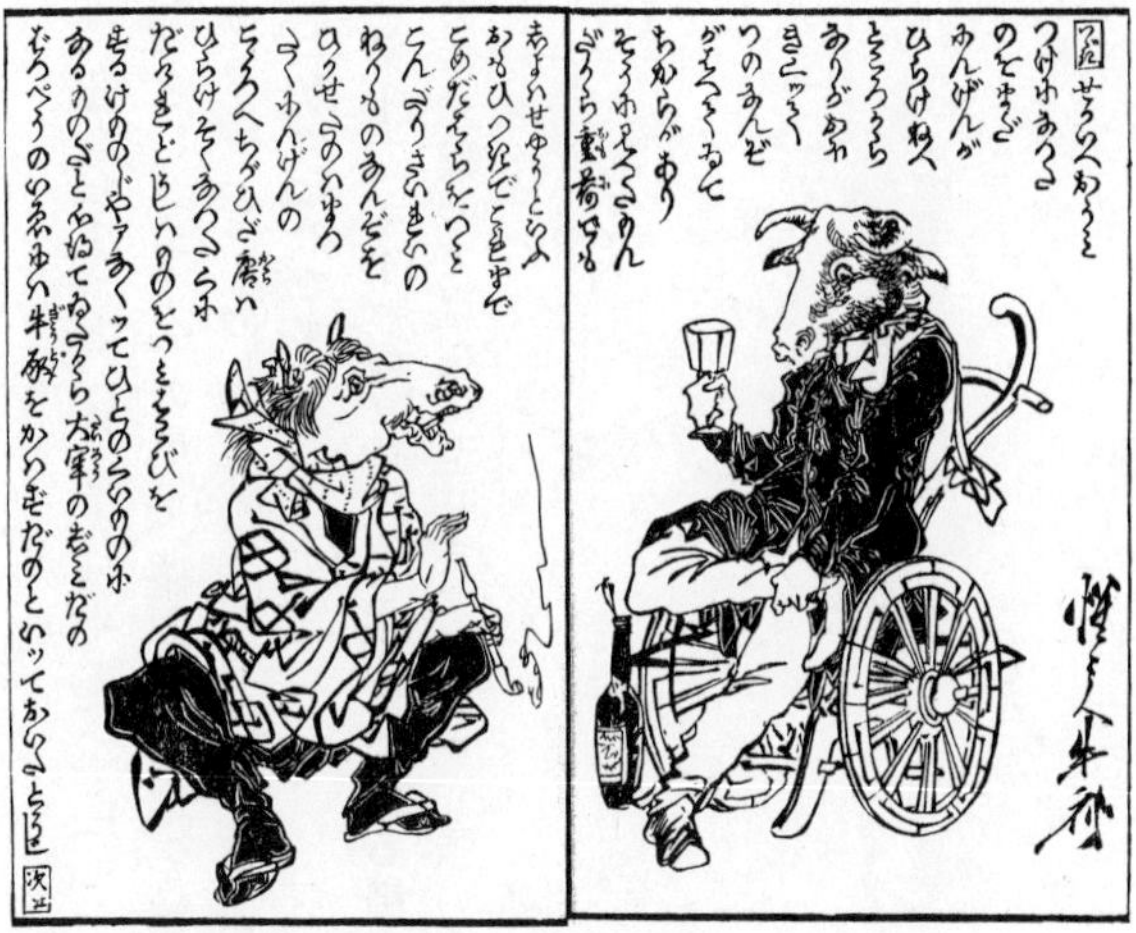

図19　馬になぐさめられて、牛は言う。「モウモウぐちは云ふめえアア牛の音もでねえ。」(『牛店雑談　安愚楽鍋』巻三の上「当世牛馬問答」国立国会図書館蔵)

と記しています。昔からずっと、日本人は牛の声を「モーモー」と聞いてきたと信じて疑っていないほどに、「モー」の声は、確固たる地位を築いたのです。謎々に「牛の尻」と出せば、すぐに「モーのしり（物識）」という答えが返ってくるほど、「モー」の声は熟知のこととなったのです。

牛の声は、「ム」「メー」「モー」のマ行の下三段にわたる勢力争いの歴史をくり広げ、ついに、「モー」の声が残って現在に至ります。モウ、強いのです。

（5）イヒンヒンと笑うて別れぬ――馬――

奈良時代は「イ」

馬の声といえば、すぐに思い出す有名な論文が二つあります。一つは、橋本進吉さんの「駒のいななき」（『国語音韻の研究』岩波書店）。二つめは、亀井孝さんの「お馬ひんひん」（『日本語のすがたとこころ（一）』吉川弘文館）。どちらも、馬の鳴き声の写し方の推移から、音韻上の問題を明らかにした名論文。ここでは、これらの論をふまえつつ、新たな用例を提示して、馬の声の歴史をもう少し具体的に明らかにしてみたいと思います。

馬の鳴き声は、現在では「ヒン」とか「ヒヒン」。

木馬はとてもうれしそう

代りにボクがヒンとなく　（『木馬』）

というサトウ・ハチローの童謡もあります。確かに、私たちには、馬の声は、「ヒ」の音で写すのが、最もふさわしいように思われます。
ところが、昔の日本人は、決して馬の声を「ヒ」の音では聞いていません。「イ」とか「イン」と聞いていたのです。『万葉集』に、こんな歌があります。

たらちねの　母が飼《か》ふ蚕《こ》の　繭隠《まよごも》り　いぶせくもあるか　妹《いも》に逢《あ》はずして　（巻一二）

「母の飼う蚕《かいこ》の、繭《まゆ》ごもりのように、気分が晴れないことだなあ、あの娘《こ》に逢わずにいるので」といった意味。馬の声は、「いぶせくもあるか」という箇所に隠れています。この箇所は、原文では、

馬声《い》蜂音《ぶ》石花《せ》蜘蟵《くも》荒鹿《あるか》

と記されています。「馬声」と書いて「イ」と読みます。当時、馬の鳴き声を「イ」と聞いていたからです。この戯書から、奈良時代の人々は、馬の声を「イ」と聞いていたと考えられるのです。

奈良時代には、馬の鳴くことを意味する「いなく」「いばゆ」という言葉があります。ともに、馬の鳴き声「い」に、「鳴く」や「はゆ（「吠ゆ」の転か）」をつけて作った言葉です。これらの語が存在することからも、奈良時代の人々が、馬の声を「イ」の音で聞いていたことが証されます。

平安時代は「イン」

では、平安時代ではどうでしょうか。『落窪物語』に、「面白《おもしろ》の駒《こま》」とあだ名される人物が登場します。彼の顔は、馬そっくり。その描写に当時の馬の鳴き声が出てきます。

顔つきただ駒のやうに、鼻いらららぎたる事限りなし。いうといななきて引き離れていぬべき顔したり。（巻二）

あだ名の通り、顔つきは馬そのもの。鼻をこの上なくふくらませ、「いぅ」と鳴いて、今にも手綱《たづな》を離れて駆け出しそうな顔だというのです。「いぅ」が、馬の鳴き声を写した言葉。「ぅ」の字は、橋本進吉「駒のいななき」が指摘するように、現在の「ン」に近い音を表わしています。ですから、当時の馬の声は「イン」。

平安時代には、馬の声が「イン」であったと思われるもう一つの根拠は、「いななく」の語の存在です。「いななく」は、奈良時代の「いなく」と同じく、馬の鳴き声に「鳴く」を付けて出来た言葉。ですから、「いな」の部分に、馬の鳴き声が含まれています。その声は、「いな」の「な［na］」を引き出すような撥音「ん［n］」を含んでいなければなりません。とすれば、馬の鳴き声は「イン」。

「イ」の音を中心にして写す馬の声は、鎌倉・室町時代を経て、江戸の元禄時代（一六八八～一七〇四年）まで続いています。たとえば、貞享《じょうきょう》二（一六八五）年に刊行された笑話集『鹿《しか》の巻筆《まきふで》』に、こうあります。初めて舞台をふむことになった役者、斎藤甚五兵衛は、昔の商売仲間の声援を受けて、

甚五兵衛すごすごともならじとおもひ、いいんいいんと云ひながら、舞台うちを

図20　馬の後脚。これが彼のデビュー姿なのだ。(『鹿の巻筆』巻三「堺町馬の顔見世」東京大学総合図書館霞亭文庫蔵)

跳ねまはった。　（巻三）

甚五兵衛の初舞台の役は、なんと馬の後脚。図20は、後脚になっていななく甚五兵衛の姿。ふつう馬の前脚の方が活躍すべき足、後脚は活躍の場がないにもかかわらず、甚五兵衛は声援をくれた人々に応えようと跳ね回ったのです。しかも、「いいんいいん」と鳴きながら。「いいんいいん」が、馬の鳴き声。こんなふうに、江戸時代の初め頃まで「イ」で写す馬の声の歴史が続いています。

なぜ、馬の声を、その頃まで、「イ」の音で写し続けたのでしょうか？「イ」の音が、馬の声を写すのに最もふさわしい音だったからです。ハ行子音は、江戸時代の初めまで、現在のような声門音《せいもんおん》[h]ではなく、両唇《りょうしん》摩擦音[F]でした。ですから、「ヒ」の音も「フィ」[Fi]であり、馬の声を写すには余りふさわしくないのです。「フィンフィン」では、馬の声としていただけませんよね。

江戸時代から「ヒン」

ところが、江戸時代も元禄頃になると、ハ行子音が声門音[h]に完全に変化し、現在と同じハ行音の発音になりました。すると、「ヒ」の音は、馬の声を写しても不自然ではなくなり、馬の声は、「ヒ」の音を中心に写されるようになったのです。
安永五（一七七六）年の『立春噺大集《りつしゆんはなしおおよせ》』に、こんな話があります。「」内は、原文の引用です。

ある人が馬に入れ込み、馬を六、七頭飼い、常々乗り歩いていたが、ついに財産もつきてきた。金の工面に愛馬にまたがり出掛けたのだが、途中で、どうしたことか馬が高嘶《たかいなな》きをして、主人を落としてしまった。主人は、泣き顔をしながら言った、「おれが身の上をしり顔に、おのれ迄《まで》がヒンヒンと」。（巻四）

「ヒンヒン」が、馬の鳴き声です。現在と同じく「ヒ」の音で写しています。馬の鳴き声が、「ヒン」の音に代わると、掛詞ができるようになりました。「ヒンヒン」には、「貧々」の意味が掛かっています。
寛政一〇（一七九八）年の『鶴の毛衣《けごろも》』にも、こんな話が。

あるお殿様が「貧乏」に関係する言葉がことのほか嫌いであった。自分の前で、「貧しい」だの「貧者」だの「貧乏者」だのという言葉を口にしたら、手打ちにするという。家臣たちは、心して慎んだが、ある時、お殿様は馬を手に入れたくなり、馬場に馬を見に行った。すると、馬はお殿様の顔を見て「ヒンヒンとなきければ」、殿様耳をふさいで「万歳楽万歳楽《まんざいらくまんざいらく》（＝くわばらくわばら）」。

もう一つ、江戸末期の『東海道中膝栗毛』から例をあげておきます。おなじみの弥次さん北さんの東海道の珍道中、北八さんは、馬にふり落とされて泣く泣くこう詠《よ》みました。

借銭《しやくせん》を　負《おふ》たる馬に　乗り合はせ　ひんすりやどんと　落とされにけり（五編下）

「借金を背負った馬に乗り合わせたために、馬がヒンと鳴いたら、ドンと落とされてしまった」という意味。「貧すりゃ鈍する（＝貧乏すると、品性が卑しくなる）」という諺をふまえ、馬の声「ヒン」には「貧」を、物が落ちる時の音「ドン」には「鈍」をかけたもの。

『東海道中膝栗毛』には、この他にも馬の鳴き声が頻出します。以下の三例も、『東

図21　馬子が借金取りに出会ってしまった。馬は「ヒン」と鳴き、北八は「どん」と馬から落とされてしまった。(『道中膝栗毛』(東海道中膝栗毛と同じ) 五編下　国立国会図書館蔵)

海道中膝栗毛』に見られる馬の声。まず「ヒイン」の声から。図21の馬上にいるのは、「ひんすりゃどんと」落ちる前の北八。

馬「ヒインヒイン」

すずのおと「しゃんしゃんしゃんしゃん」（五編下）

と、この時までは、つつがなく馬に乗ってきたのです。ところが、折悪しく馬子《まご》に金を貸した男に出会い、馬子があわてて弁解をはじめ、そのうち馬がいきなり走り出し、北八が落馬の憂き目に遭ったのです。紺縞《こんじま》の旅合羽《たびがっぱ》を着ているのが、金貸し。馬子は、頭をかきかき弁解しています。

また、馬は、こうも鳴きます。

北八「ヱヱ二百出しやァ夜《よ》るの馬にのらァ。くそたれめが」

馬かた「ヤイくそったれたァあんだイ。うらがいつ、くそをくそを」

馬「ヒヒヒンヒン」（三編上）

馬方が「くそをくそを」と言うと、その後をひきとって馬が「ヒヒヒンヒン」と鳴きます。馬の声「ヒン」に「放《ひ》る（＝排泄する）」の意味をかけたのです。こんな例もあります。

弥次「のってゐる人の天窓《あたま》を見や。叶福助《かなふくすけ》といふもんだ。ハハハハハ。ソレ馬がきたア」

馬「ヒヒヒヒヒヒ」（四編上）

弥次さんが「ハハハハハ」と笑うと、馬が「ヒヒヒヒヒヒ」と鳴いたのです。人間の下品な笑い声を馬の声に掛けたものです。

馬の声は、こんなふうに、江戸時代中頃から「ヒ」の音で写すようになって現在に至ります。

「イ」が「ヒ」に変化した理由

ところが、ここにちょっと考えるべき問題があります。それまで「い」「いん」「いいん」などと「イ〔iː〕」の音で写していた馬の声が、「ひんひん」などと「ヒ〔hiː〕」の音が馬の音で写されるようになったのは、なぜなんでしょうか？　むろん、「ヒ」の音が馬の声を写すのに適切な音に変化したという理由はあります。けれども、それは、あくまで馬の声を「ヒ」で写しても不自然ではないという背景です。「ヒ」の音で写すという変化を促す積極的なきっかけは、何だったのでしょうか？

亀井孝さんは、「お馬ひんひん」の論の中で、その変化のきっかけを馬の跳ねる様子を表わす「ひんひん」「ぴんぴん」の語の存在に帰しています。「ひんひん」「ぴんぴん」の語が、馬の声の変化を促す積極的なきっかけになったというのです。

馬の声が「ひんひん」になる頃、馬の跳ねる様子を表わす「ひんひん」の例として、亀井さんは、次の例を挙げています。寛文一二（一六七二）年成立の『貝おほひ』の句です。

　むかふ駒の　足をはぬるや　ひんこひん

「ひんこひん」は、芭蕉の判詞《はんじ》に「ひんこひんとはねまはるは、誠にあら馬と見えはべれども」とあるから、馬の勢いよくはねるさまを意味しています。語構成は、「ひんこ＋ひん」であり、「こ」は、「ヒンとはねて、それからまた、二度目をヒンと跳ねる、それまでのまを」「象徴的にとらへ」たものと亀井さんは考えています。私たちが、「三味線をペンペンやる」というところを、独特の気持を込めて、「三味線をペンコペン（コ）やる」ということがありますが、あの「コ」と同じと考えてよいようです。ですから、「ひんこひん」は、「こ」を抜いた「ひんひん」の形に還元できるというのです。

実は、当時、清音・濁音・半濁音の表記が不確定ですから、「ひんひん」の確実な例を見出せないのです。「ぴんぴん」の確例ならあります。室町末期の『日葡《にっぽ》辞書』です。

Pinpin. ピンピン　家畜が蹴り跳ねるさま。馬がぴんぴんと跳ぬる
（『邦訳日葡辞書』岩波書店）

『日葡辞書』には、こんなふうに「ぴんぴん」の語は載っているのですが、「ひんひん」の語は載っていないのです。だからといって、馬の跳ねるさまを表わす「ひんひん」の語が存在しなかったとは言えません。というのは、「ぴんぴん」と同義の「ひんひん」

の語の存在は、理論的には考えられるからです。ハ行音とパ行音の擬音語・擬態語は、両形同時に存在し、ほぼ同義であることがあります。たとえば、『日葡辞書』で例をあげてみても、「fararito《はらりと》」と「pararito《ぱらりと》」、「faxxito《はっしと》」と「paxxito《ぱっしと》」の両形が存在し、それぞれほぼ同義です。現代語で考えてみても、「ひりひり」と「ぴりぴり」、「ほろほろ」と「ぽろぽろ」というぐあいに、ハ行音とパ行音の擬音語・擬態語は、両形存在し、ほぼ同様な意味を表わしています。

ですから、清音「ひんひん」の確例は得られないのですが、存在していた可能性は十分に考えられるというわけです。私自身も勢いよく跳ねるさまを表わす「ひんひん」の例を見つけようと躍起《やっき》になったのですが、ついに「ひんひん」の確例を得ることはできませんでした。ちなみに、時代は下りますが、「ひんひん」と表記されている例を掲げておきます。これらの語も、「ぴんぴん」と読んだ可能性があります。まず、享保六（一七二一）年初演の浄瑠璃『津国女夫池《つのくにみようといけ》』の例。

馬の口取《くちとり》やっこ迄《まで》　ひんひんと跳ね廻はり

あるいは、天明六（一七八六）年の『十千万両《とちまんりよう》』の序文の例。

ひんひんとはねる午《うま》の冬

いずれにしても、これらの馬の跳ねるさまを表わす「ぴんぴん」「ひんひん」は、馬の声が「ひんひん」と写されるようになると、意味を変えていきます。「ひんひん」は、言うまでもなく馬の鳴き声専用語に、「ぴんぴん」は、元気な様子を表わす語に変化していきます。「イン」から「ヒン」へという馬の声の変化の陰に、割を食って意味を変えざるをえなかった「ひんひん」「ぴんぴん」の語がいたのです。

「イン」と「ヒン」の戦い

おおよそ言葉が変化する時、古い語と新しい語とはひそやかに戦っています。古い語がそうやすやすと新しい語にポストを譲《ゆず》り渡すわけがないのです。馬の声もそうです。古い「イ」の音で写す馬の声は、新しい「ヒ」の音と共存することによって、延命策を講じています。これについては、まだ報告されたことがないのですが、「ひん」という馬の声が固定化する前に、「いひいひ」「いひひひん」「いひひんひん」といった、

「イ」と「ヒ」の両方の音を使った馬の声が存在するのです。

江戸のごく初期、元和九（一六二三）年の序のついた『醒睡笑《せいすいしょう》』に、こんな例がありました。「 」内は、原文の引用です。

浮わついた侍で、五十歳を過ぎた者がいた。彼の名は弥十郎。ある時、主人がこの弥十郎を呼び出して言った。お前の名は年不相応に若いから、今日からは右馬《うまの》丞《じょう》にしよう。それを聞くと、彼は、「ゑみを含み、いひいひと笑ひければ」、周りにいる者たちは言った、「右馬丞とつけたれば、勇《いさ》みて、はやいなないたよ」と。

「いひいひ」という笑い声は、「いなないたよ」と言われたように、馬の鳴き声でもあります。古い馬の声「イ」の音は、新しく中心となる「ヒ」の音を必死に押さえて共存しています。

時代は下り、江戸も中頃、「イ」と「ヒ」でつくる馬の声は、まだ残っています。安永二（一七七三）年成立の笑話集『都鄙談語《とびだんご》三篇』と『御伽噺《おとぎばなし》』の例です。まずは、『都鄙談語三篇』の「口説」の話。

客と女郎が痴話《ちわ》げんかを始めた。客はどなる「ここな畜生め」。すると、女郎は言い返した、「なるほど、賤《いや》しいつとめはしんすけれど、畜生といはるる覚《おぼえ》はありんせん」。すると、客も言い返した、まず遊女屋の親方を「亡八《くつわ》」と呼ぶだろう、通行人の袖を引っ張って呼び込む娼婦を「ひっぱり女郎」と言うだろう、街に出る娼婦を「外繋《とつなぎ》女郎」と言うだろう。「人を乗せるか、鞍替《くらがへ》するか。なんと皆、馬同然だ。一言もござんすまい」。すると、女郎は「イヒヒヒン」。

客は、廓《くるわ》の世界が馬関係の言葉尽《づ》くしであることを利用して相手をやり込めました。遊廓《ゆうかく》と馬との関係は深いのです。「イヒヒン」は、馬の鳴き声を響かせた女郎のふざけた笑い声。

また、『御伽噺』の「朋友」の話はこうです。江戸橋の上で、同県出身の二人がばったり出くわしました。以下は二人の会話です。

「只今はどっちに?」「アイ、馬喰丁《ばくろちょう》に」「商売は?」「ばくろさ」「今のお名は?」「馬左衛門と申す」「これはあぢな名で、きつい馬づくし」「イヒヒンヒン」と、笑うて別れぬ。

これもまた、馬尽くしの話。「イヒヒンヒン」と笑って、馬の鳴き声を響かせて落としたもの。「イヒヒンヒン」では、次第に、「ヒ」の音が主体になり、「イ」の音は語頭に添えるだけになってきていることが分かります。

馬の声が「ヒ」の音に固定化していく前段階に、こんなふうに古い馬の声を写す「イ」の音は、必死に新しい「ヒ」の音に抵抗し、負けまいと一語内に共存して延命策を図っていたのです。

けれども、江戸も末期になると、新興の「ヒ」の音が完全に勝利をおさめ、馬の声は「ヒ」の音で写すことに固定化して行きました。明治三六年の『尋常小學讀本』には、こうあります。

うまは、いつもひんひんと、なきます。

(6)われは狐ぢゃこんこんくゎいくゎい——狐——

狐は「こんこん」でしょう

若い頃、狂言に凝ったことがあります。月に一度、水道橋にある能楽堂に通い狂言観賞をしてました。そのうち、狂言の台本も読むようになりました。『釣狐《つりぎつね》』という曲目の台本を読んでいた時、不思議な狐の鳴き声に出会いました。台本にこうあるのです。

別れの後に鳴く狐　別れの後に鳴く狐
こんくゎいの涙なるらん
（虎明本『釣狐』）

冒頭に見られる謡《うた》いなのですが、「こんくゎい」が気になりました。「後悔」の意味にかけられた狐の鳴き声らしいのですが、後半の「くゎい」が腑に落ちませんでした。私たちは、狐の鳴き声は、「こんこん」と思っています。ですから、前半の「こん」は納得できます。でも、後半の「くゎい」が、腑に落ちません。狐が「くゎい」なんて鳴くのかしら？ ただ、「後悔」という言葉を出したいための語呂合わせじゃあないのかしら？ これが、狐の鳴き声を気にするきっかけでした。
大体、私たちは、狐の鳴き声は「こんこん」だと信じています。

叱《しか》られて叱られて
あの子は町までお使いに
この子は坊やをねんねしな
夕べさみしい村はずれ
こんと狐が鳴きゃせぬか
（清水かつら作詞『叱られて』）

子供の頃、よく唄った童謡です。寂しいメロディなので、妙に泣きたいような気分におそわれながら、「こんと狐が鳴きゃせぬか」と歌いおさめた記憶があります。狐の声は「こん」なのです。童謡『烏《からす》の赤ちゃん』を思い出しても、四番は「狐の赤ちゃん何故なくの……こんこん鳴くのね」とあります。「こぎつねこんこん 山の中山の中」と歌い出す唱歌もありました。『こんこんぎつね』という題名の童謡だってあります。

こう考えると、私はますます狐の声「くゎい」が疑問に思われてくるのでした。

「コン」の声は、奈良時代から

ずっと時代を遡ってみました。すると、狐の声は現在の「こん」に通じるものなのでした。奈良時代の『万葉集』にこうあります。

さしなべに 湯沸かせ子ども 櫟津《いちひつ》の 檜橋《ひばし》より来《こ》む 狐《きつね》に浴《あ》むさむ

（三八二四）

「柄つきの鍋に湯をわかせ、若者どもよ。櫟津の檜橋から、コンと鳴いてやって来る狐に浴びせてやろう」といった意味の歌。宴会をやっていたら、狐の声が聞こえたのです。狐は、人間のすぐ傍《そば》までやってきて鳴き声を聞かせていたんですね。

狐の声は、「来《こ》む（＝来るであろう）」の言葉に掛けられています。当時の人々は、狐の声を「来む」に通じるような語形で聞いていたわけです。具体的には[komu《コム》]か、あるいはそれに近い[kom《コン》]。つまり、現在の「コン」に直接連なっていくような言葉で、奈良時代から既に狐の声を聞いていたのです。

では、続く平安時代ではどうでしょうか？　狐の声が「こうこう」と記されています。平安末期の『今昔物語集』には、実にたくさんの狐の話が載っています。狐の声まで記してある説話も五つあります。たとえば、こんな話。

京都に住んでいる男がいた。彼の妻が、夕方ちょっと外に出たが、なかなか帰ってこない。どうしたんだろうと気にしていると、妻が帰ってきた。と、暫《しばら》くすると、また、妻が帰ってきた。男は、二人の妻にびっくり仰天。どちらかが、狐に違いないと思い、怪しい感じのする最初の妻を押さえつけると、その妻はひどく臭い尿を夫にひっかけた。「夫、臭《くさ》さに不堪《たへ》ずして打免《うちゆるし》たりける際《あひだ》に、其の妻忽《たちまち》に狐《きつね》に成《なり》て、戸の開《あき》たりけるより大路《おほぢ》に走り出《いで》て、こうこうと鳴《なき》て逃去《にげさり》にけり」。　（巻二七第三九話）

狐の鳴く声が「こうこう」と書かれています。『今昔物語集』に出てくる狐の声は、すべて「こうこう」と記されています。

同じく平安末期の歌集『散木奇歌集《さんぼくきかしゅう》』でも、「わづかにきつね　さかにきたれり」に続けてこんな句をつけています。

こうこうと　いひけるしるべ　はしらせて

「こうこう」が狐声です。いったい、これらの「こうこう」と記された狐声は、実際にはどう発音されていたのでしょうか。亀井孝さんは「狐コンコンと題して話したことども」(『国語と国文学』二七巻二号)で、「こうこう」の「う」は、いわゆる[ɯ]の音ではなく、鼻音化した[ɯ̃]の音(現在の「ン」に近い音)を表わしていたのではないかと思うと述べています。

確かにその可能性が高い。というのは、既に何回か触れているように、平安時代では、撥音「ん」を表わす文字が一定しておらず、「う」の文字が撥音を表わすのにも用いられていたからです。とすると、平安時代も、現在の「こんこん」に連なる語で狐の声を聞いていたことになります。

鎌倉時代以降は、撥音「ん」の表記が確定しましたから、狐の声は「こんこん」で出て来ます。小林芳規《こばやしよしのり》さんは、『角筆《かくひつ》文献の国語学的研究』（汲古書院）で、鎌倉末期に角筆（＝筆の形に作られた木や竹や象牙）で書かれた「こんこん」の初出例を報告しています。佐賀県小城町《おぎまち》（現・小城市）岩蔵寺《がんぞうじ》にある『宋版大般若経』に記された狐の声です。狐の絵があり、その下に「こんこん」と狐声が記されているのです。こうして、鎌倉時代には現在と同じ表記と発音の「こんこん」の声が出てきています。

掛詞によく使われた「こんこん」

「こんこん」の狐声は、室町時代末期から江戸時代を通して、実によく見られます。以下に示すような掛詞としても活躍しています。

こんこんと　言ひし詞《ことば》の　跡なきは　さてさて我を　ふる狐かも

（『後撰夷曲集』）

江戸初期に作られた狂歌です。「来ん来ん（＝来よう来よう）と言ったのに何の音沙汰もないのは、さては私を袖にする古狐だなあ」という意味。「狐に寄する恋」の歌。

また、こんな狂歌もあります。

よるのとの　嫁御《よめご》はいつか　こんこんと　待てば甘露の　ひでり雨かな
（『徳和歌後万載集《とくわかごまんざいしゅう》』）

「よるのとの」は、狐の別名。「狐は、お嫁さんがいつ来るかいつ来るかと待っていると、幸せの徴《しるし》の日照り雨が降ってくる」といった意味の歌。日が差しているのに雨が降る「狐の嫁入り」の天気にヒントを得た歌です。

御伽草子『のせ猿草紙』にも、「やがてこんこんといひ散らし、狐のゐなかは帰りけり」とあって、狐声「こんこん」に「来ん来ん」を掛けています。

また、三代将軍家光亡き後、江戸の町にこんな落首《らくしゅ》がなされました。

大沢に　うこんうこんと　鳴く狐　化けの程こそ　現はれにけり

大沢右近《うこん》を、風刺した落首。彼は、家光の寵愛を受け、破格の出世をしました。天和元（一六八一）年、家光の死に際し、殉死《じゅんし》すべきであったのにしなかったので、人々から非難され、落首に詠まれたのです。「右近右近」に狐の声「こんこん」を響かせたもの。

また、江戸の小咄《こばなし》にこんな例があります。安永四（一七七五）年刊の『新口花笑顔《しんこうはなえがお》』に収録された「狐つき」の話。当時、狐つきには百万遍《ひやくまんべん》（＝大数珠を回しながら念仏を唱える）がよく効くと思われていました。

一人の男が、狐つきに頼まれた、百万遍で狐をおとしてくれと。ところが、百万遍のやり方を知らない。友達に頼むが、彼も知らない。そこで、二人は「いっそあの双盤念仏《そうばんねんぶつ》にでもしやう」と決めて、「『なもゥあアアだアア、なもあアアだアア』といふと、狐つきが、『こん』。」

双盤は、大型の鉦鼓《しようこ》（＝たたきがね）。それを撞木《しゆもく》などで打つと、コンと鳴る。双盤念仏は、念仏を唱えながら双盤を打ち鳴らす。念仏の合間に、双盤の音よろしく狐つきが「こん」と言ったところがミソ。狐の鳴き声に双盤を打つ音が掛けられています。

天明五（一七八五）年に出来た『富久喜多留《ふくきたる》』にもこんな話があります。

ご婦人方が王子の稲荷参りに行き、穴の奥にいる狐の毛色の品定めをしていた。黄色だ、いや薄鼠色だ、いやすす竹色だと。すると、穴の中で狐が「こん」。紺色だというのです。狐の鳴き声「こん」には、紺色の意味をかけることも多いのです。

こんなふうに、狐声「こんこん」は、いろいろな言葉に掛けて用いられ、隆盛を誇っていました。

ところが、狐の声は「こんこん」だけではありませんでした。私たち現代人が、全く知らない狐の声も栄えては滅んでいました。以下の例がそれらです。

消えた「こうこう」

鎌倉時代以後、撥音「ん」表記が確定し、狐声が「こんこん」と記されるようになった後であるにもかかわらず、「こうこう」と記された狐声があります。たとえば、鎌倉中期の説話集『沙石集《しゃせきしゅう》』にはこんな話が出ています。

狩の時、狐が野に走っているのを見て、右大将は詠んだ。

しらけて見ゆる　昼狐かな

すると、梶原は、こう付けた。

ちぎりあらば　夜《よる》こそこうと　云ふべきに　（巻五の二二）

「縁があるなら夜こそ来ようと言うべきなのに」という意味。狐声が「こう」と記されています。「来《こ》う（＝来よう）」の意味に掛けられているのです。室町時代初めの『曽我物語』（巻五）にも、「来う来う」に掛けられた狐の声「こうこう」が見られます。ですから、狐の声を「こうこう」と聞く場合もあったことが分かります。

さらに、鎌倉中期の語源辞書『名語記』には、こんなことが書いてあります。「」内だけは原文の引用です。

（問い）狐の鳴く声が「コウ」と聞こえるのは、どうですか？

（答え）「コウ」は、「興」の字を唱えているのです。

「興」の字を唱えているのだというのですから、狐の鳴き声を「こう」と聞いていたことが分かります。このほか、掛詞にはなっていない「こうこう」の声もよく見られます。たとえば、『源平盛衰記』。平清盛の話に出てきます。

馬より下りて敬屈《けいくつ》すれば、女　又《また》　本《もと》の狐と成《なり》てこうこうと鳴《なき》て失《うせ》ぬ。（巻一）

さらに、「こうこう」の声の例をたどっていくと、江戸時代まで、続いていますが、やがて消えてしまい、現代には伝わりませんでした。

機嫌の悪い「くわいくわい」の声

狐の声を「くわいくわい」と写した時代もありました！　まず、例文を示してみます。

橋《はし》ガカリ、中頃《なかごろ》マデツルツルト這《は》ヒ出《い》デテ、狐ノ鳴クマネヲシテ、クワイクワイト云フ。

室町末期の虎明本《とらあきらぼん》狂言『釣狐《つりぎつね》』に書かれている所作についての注記です。「狐ノ鳴クマネ」が「クヮイクヮイ」と出ています。狐の声を「くゎいくゎい」と聞く歴史があったのです。もう少し、例を示してみます。同じく狂言『寝代《ねがわり》』にも、こうあります。

しかし、命を助けうほどに、くゎいくゎいと啼け。（『狂言記補遺《きょうげんきほい》』）

また、狂言『こんくゎい』にも、罠《わな》に掛かって鳴く狐の声として、「くゎいくゎいくゎい」「くゎいくゎい」が頻出しています。狂言ばかりではありません。江戸中期成立と思われる『化《ば》け物嫁入《ものよめい》り』という絵本にも、

中間衆《ちうげんしう》、勝手《かつて》へ行《いつ》て休まれい。くゎいくゎい。

という狐のセリフがあります。図22が、その場面です。座敷にいる狐が、結納を運んできた鼬《いたち》にねぎらいの言葉をかけています。最後に、「くゎいくゎい」の鳴き声が

図22　結納を運んできた鼬《いたち》に狐はねぎらいの言葉をかけている。「くゎいくゎい」と。(『ばけ物よめ入』東北大学附属図書館狩野文庫蔵)

付いていますね。この絵本に登場する狐たちは、名前を持っているのですが、その名は、すべて鳴き声がらみです。「こん七」「くゎい介」「こんこんくゎい介」と。「くゎい」の声が「こん」の声に劣らず狐の鳴き声として有名だったのです。

同じ頃の絵本に『是《これ》は御存知《ごぞんじ》の化物《ばけもの》にて御座《ござ》候《そうろう》』というのがあります。二種の化け物が登場し、化け物合戦を展開するのですが、ここでも狐は「くゎいくゎい」と鳴いています。

室町時代から江戸時代の終わりまで、こんなふうに「くゎいくゎい」という狐声が、「こんこん」という狐声に並んで頻出しているんです。ですから、「くゎいくゎい」という狐の鳴き声が存在したことは確かです。

でも、現代では全く影を潜めている「くゎいくゎい」の声に、私はまだ半信半疑のところがありました。いったい、狐の声が「くゎいくゎい」などと聞こえることがあるんでしょうか？　「こんこん」の語とどういう関係なのでしょうか？

追究してみると、実は、狐の鳴き声にも二通りあって、機嫌のよい時と悪い時とは違う鳴き声であることが当時一般に知られていたことが分かりました。江戸の百科全書『和漢三才図会《わかんさんさいずえ》』には、こんなことが書いてあるのです。漢字かな混じり文にして示します。

狐、患《わづら》ふる時は、すなはち声、児の啼くが如し

喜ぶ時は、すなはち、声、壺を敲《たた》くが如し　　　　　（巻三八）

「壺を敲く」音というのは、「こんこん」でしょう。これは、機嫌のよい時の声。機嫌の悪い時は、子どもの泣くような声というのですが、その声は、具体的には分かりません。けれども、狐の声に二種類あり、「こんこん」の他に、もう一種機嫌の悪い時の鳴き声が知られていたことだけは確かです。

そう言えば、さっき引用した鎌倉中期の語源辞書『名語記』にも、「コウ」は、喜ぶ時の声とあり、驚き叫ぶ声は「クヮウトキコユ。ワウトモキコユ」と記されていました。狐声に二種類あることは、かなり古くから知られていた事柄なのです。

『日本方言大辞典』によると、鹿児島県肝属郡《きもつきぐん》では、狐の機嫌のよい時の声は「コンコン」、機嫌の悪い時の声は「クヮンクヮン」と区別するとできます。「くゎいくゎい」は、「こんこん」とは別の気持を表わす狐声として生じ使われていたのです。

「こんこん」が生き残った理由

ところが、実際の用例を検討してみると、常に区別していたと思えません。むろん、こうした区別に従っているように見える例もあります。

たとえば、室町時代の物語の面影を伝える御伽草子『木幡狐《こわたぎつね》』の例。

あらめづらしや、こんこん。いづくにおはせしぞ、こんこん。

これは、長い間行方不明になっていた娘を見つけた時の、父母のセリフ。「こんこん」で、喜びの声を表わしています。

一方、狂言「釣狐」では、罠にかかった狐の鳴く声は、「くわいくわい」系列であり、決して「こん」とは鳴いていません。

こんなふうに、二種類の声の区別にのっとっているように見える例もあるのですが、たいていは、二種の声を狐の声として自由に使っていたように察せられます。その証拠に、両系統の語を合体させて使っている場合すらあるのです。

たとえば、冒頭に示した「後悔」の意味に掛けられた「こんくわい」の語は、両系統の語を合体させて使っていました。こうした例は少なくありません。万治二（一六五九）年の序のついた笑話集『私可多咄《しかたばなし》』に出ている話。「」内のみ原文の引用です。

浮気をした男が、明け方、帰宅するのだが、うっかりして寝巻に使った紅鹿子《べにかのこ》の小袖の上に自分の着物を着て帰ってきた。むろん妻にバレるのだが、自分でも紅鹿子の小袖に驚き、とっさに狐の真似をして言った。「あづきめしが食ひたい。我は狐ぢゃ。こんこんくゎいくゎい。」

図23は、妻に追いかけられて、藪《やぶ》の中へ逃げ込もうとする夫。「こんこんくゎいくゎい」と鳴きながら。紅鹿子の小袖から、男は小豆飯《あずきめし》を思い出し、小豆飯を稲荷明神にお供物としてあげることを連想し、とっさに稲荷大明神になりすまして、妻の追及から逃れようとしたものでしょう。もちろん、「後悔」の意味も掛けられています。「浮気を後悔してるよ。許して」の意味です。

また、寛政一〇（一七九八）年頃に成立したと思われる笑話集『無事志有意《ぶじしうい》』の話。

ある腕自慢の侍《さむらい》が、人を化かして仕方のない狐を捕らえようとやってきた。狐は、一七、八歳の娘、男、祖父《じじい》、祖母《ばばあ》と次々に化けるが、すべて見破られ、仕方がないので狐になった。それとばかりに侍がしっぽを捕まえると、「コンコンくゎいくゎい」と鳴きながら、しっぽが抜ける。見せしめに持って帰ろうとすると、後ろから百姓が「なぜ大根を抜いた」。（野狐）

とうとう狐にだまされてしまったという笑い話。

こんなふうに「こんこん」と「くゎいくゎい」は仲良く一つの狐の声として用いられ、全く区別がつかなくなってしまいました。すると、問題が起こります。やがて、どちらかに淘汰《とうた》されるという運命が待ち受けています。区別があればこそ、「こんこん」と「くゎいくゎい」は、並んで存在する意味があったのです。区別がなくなってしまえば、一種の語で十分なのです。

さて、どちらが生き残るのでしょうか？　結果は伝統的な「こんこん」の声が残りました。「くゎいくゎい」は、「こんこん」ほどうまく掛詞にならないので、利用価値が低いという理由もあったかもしれません。

こうして、あれほど栄えた「くゎいくゎい」の狐声は消えていきました。江戸の絵

図23 「あなた待ちなさいよ、浮気は許さないわよ」。男は「こんこんくゎいくゎい」と狐声をまねながら逃げてゆく。(『私可多咄』国立国会図書館蔵)

本に見られる狐の神主のセリフ、

息災延命、すこんくゎいくゎい　（『化け物嫁入り』）

の願いも、むなしく。そして、私たち現代人は、狐の声に「くゎいくゎい」があったことなど全く知らずに、狐の声はずっと昔から「こんこん」でありつづけたと思っていたのです。

（7）ももんがの鳴きやうを知らぬ――モモンガ――

モモンガの声を求めて探索

山口県に伝わる鷺流《さぎりゅう》狂言『柿山伏《かきやまぶし》』にこんな箇所があります。喉の渇いた山伏が、柿を見つけ、木に登って実を盗み食いしていました。そこに、折悪しく地主が通りかかりました。地主は、山伏と知りつつ、柿の実を取られた腹いせに彼をなぶりものにしようと考えます。柿の木にいるのは、烏《からす》だ、いや違った、猫だと言っては、そのたびに、山伏にその鳴き声をそっくりまねさせて地主は喜んでいます。あげくのはては、

地主「また目が違うた。あれは猫では無うて、子供の怖《お》ぢる、ももんがといふものぢゃ」

山伏「またももんがといふわ」
地主「ももんがといふものは、人を見ると、そのまま鳴くものぢゃが、此処《ここ》のももんがも、おっつけ鳴かうぞや、鳴かうぞや。鳴かずは、人であらう。やいやい其処《そこ》の薙刀《なぎなた》を持って来い。おのれ一抄《ひとすくひ》にすくうてやらう」
山伏「某《それがし》は、ももんがの鳴き様《やう》を知らん。何としたものであらう。さりながら鳴かずはなるまい」
地主「さあさあ、鳴かうぞや鳴かうぞや」
山伏「ももんが」（中略《ママ》）
地主「きゃつはももんがの鳴き様《やう》を知らぬと見えて、そのままももんが、ももんが、ももんが、アッハハハッ、さてもさても良い慰《なぐさ》みを致いた」
（河野晴臣編『鷺流狂言手附本《さぎりゅうきょうげんてつけぼん》』）

はて、モモンガの鳴き声は、どんな言葉で写すのでしょうか？　山伏ではないのですが、私も、はたと考え込みました。私も「ももんがの鳴き様を知らぬ」なのです。この鷺流狂言『柿山伏』も、モモンガの鳴き声を写す言葉については、別に記していません。他の流派（大蔵流・和泉流）の狂言台本『柿山伏』では、鳴き声をまねさせる動物が、烏《からす》・猿・鳶《とび》です。モモンガは鷺流狂言台本だけに登場する動物です。一体、狂言の栄えた江戸時代には、モモンガの声を写す言葉は、一般に知られていたのでしょうか？　モモンガの声を求めて、私は探索を始めました。

モモンガが現れない

それにしても、モモンガという語は、いったいいつから現れたのでしょうか？　調べてみると、モモンガという言葉が現れるのは、江戸時代からです。それ以前は、ムササビの語しか文献に現れません。たとえば、奈良時代の『万葉集』には、ムササビを詠んだ歌が三首も見られます。

牟佐々婢《むささび》は　木末《こぬれ》求むと　あしひきの　山の猟夫《さつを》に　あひにけるかも（二六七）

などと。平安時代になっても、『倭名類聚抄《わみょうるいじょうしょう》』『色葉字類抄《いろは》』『類聚名義抄《みょうぎしょう》』といった辞書には、ムササビの語は見られるのですが、モモンガの語は、全く見られません。鎌倉時代の語源辞書『名語記』でも、「ムササビ」の語のみ掲げています。室町時代の『文明本節用集《ぶんめいぼんせつようしゅう》』『黒本本節用集《くろもとぼんせつようしゅう》』『弘治《こうじ》二年本節用集』『永禄二年本節用集』『堯《ぎょう》空本《くうぼん》節用集』『両足院本《りょうそくいんぼん》節用集』『易林本《えきりんぼん》節用集』などの節用集、『倭玉篇《わごくへん》』『温故知新書』『運歩色葉集《うんぽいろはしゅう》』などの辞書でも、「鼯鼠《ムササビ》」「狖鼯《ムササビ》」「鼯《ムササビ》」「狖《ムササビ》」とだけあって、モモンガの語は、たえて見られないのです。室町末期の『日葡辞書』にいたっても、「ムササビ」の語しか登録されていません。

散文の文学作品を調査してみても、事情は変わりません。「ムササビ」だけが見られるのです。

和歌の世界でも、ムササビは、鎌倉・室町時代には、とりわけ人気が高まっています。

おく山の　木ずゑにつたふ　むささびの　声も寒けく　夜は更けにけり

（『新撰和歌六帖』五三一）

ムササビの声が、寒々しい夜空に響きわたっています。ムササビの声を写す擬音語は見られませんが、その声は、人の心を打つところがあったようで、「むささびのこゑ」という語句で歌に詠み込まれていることが多い。『新撰和歌六帖』に二首、『千五百番歌合《うたあわせ》』に一首、『土御門院御集《つちみかどいんぎょしゅう》』に一首、『草庵集《そうあんしゅう》』に一首、『亜槐集《あかいしゅう》』に一首、『為《ため》広詠草《ひろえいそう》』に一首というぐあいです。

こんなふうに、「ムササビ」の語は、実によく見られるのに、「モモンガ」の語は、室町末期まで辞書をはじめ歌集に至るまで全く現れない。一体どうしたことでしょうか？　モモンガはいなかったんでしょうか？　それとも何か別の理由があったのでしょうか？

モモンガとムササビは同じか

私たち現代人は、ムササビとモモンガを一応別のものとして扱っています。現代の国語辞典類をひいてみても、両者を別物として説明しています。たとえば、『日本国語大辞典』（小学館）は、こう解説しています。

【むささび】リス科の哺乳類。体長約四十センチメートル。外形はリスに似ているがやや大きい。手足間の体側に皮膜《ママ》がよく発達し、これを広げて枝から枝へ飛び、百メートル以上も滑空できる。尾は、円筒状で、

> 太くて長い。背面は灰褐色、赤褐色などで下面は白く、頬に白斑がある。（中略）類似種にモモンガがある。
>
> 【ももんが】リス科の哺乳類。体長十五～二十センチメートル。ムササビに似て体側に飛膜をもつが、小形で、尾は上下に扁平で長い。体毛は柔らかく、背面は灰色または褐色で腹面は白い。（中略）ももんがあ。ももが。

「むささび」の説明に、「類似種にモモンガがある」とあり、モモンガとは別種と考えていることがはっきりしています。また、「ももんが」の説明では、ムササビに似ているがとして、差異点を詳しく述べています。現代では、両者は似ているけれど、別種の動物を表わす語となっています。

ところが、ごく最近まで、両者は区別されていなかったのです。室町末期まで「ムササビ」の語が、現在の「モモンガ」をも包括して意味していました。「モモンガ」と「ムササビ」をきちんと区別し始めたのは、辞書の世界では、昭和三年刊の『改修言泉《げんせん》』からです。つまり、昭和になって初めて、ムササビとモモンガは別の動物をさす言葉として袂《たもと》を分かったのです。

江戸時代では、「モモンガ」という言葉がようやく現れましたが、それは「ムササビ」を意味する方言にすぎませんでした。安永四（一七七五）年の『物類称呼《ぶつるいしょうこ》』には、こんなことが書いてあります。

むささび――畿内にて「野衾《のぶすま》」といふ。東国にて「ももぐゎ」と呼ぶ。西国にて「そばをしき」といふ。薩摩にて「もま」といふ。「もま」とは、和名「もみ」の転じたるなるべし。

ムササビは、地方によって呼び方が違っていました。モモグヮは、東国（関東地方）での呼び方だったのです。「ももが」「ももんが」ではなく、「ももぐゎ」「ももんぐゎ」と表記されていることが多いので、末尾の音は、最初は「ガ」という直音《ちょくおん》ではなく、「グヮ」という合拗音《ごうようおん》だったのです。享保一九（一七三四）年刊の『本朝世事談綺《ほんちょうせじだんき》』にも、こう記されています。

摸々具和《ももんぐゎ》（鼯　むささび）――毛美《もも》、無佐々美《むささび》といふ獣、一名晩鳥、又野衾といふ。（中略）土人これを呼んで、ももんぐゎと号す。

「土人」とは、その土地に住んでいる人のことですから、「ももんぐゎ」が方言出身の語であったことは確かです。でも、こんなふうに見出し語の形として取り上げられてきていますから、「ももんぐゎ」の語は、かなり市民権を得てきていることが分かります。

江戸時代も中頃になって、文化の中心が江戸に移り始めると、それまで関東地方の方言でしかなかった「モモグヮ」「モモングヮ」の語が、にわかにクローズアップされ、一般に普及していったのです。図24は、江戸時代末期から明治時代にかけて生きた松《まつ》森《もり》胤《たね》保《やす》の描いたモモングヮ。

モモングヮは化け物

とすると、新しく勃興《ぼっこう》してきたモモングヮという語とすでに確固たる勢力を持っているムササビという語との間で、摩擦は生じなかったのでしょうか？　同一物を指すのに、二種類の語は要らないのです。新興のモモングヮの語が、伝統的なムササビの語の地位を奪ってしまうということは、おこらなかったんでしょうか？

図 24　飛膜をひろげて滑空しているモモンガの姿。（松森胤保著『両羽博物図譜』酒田市立光丘文庫蔵）

結論を先に述べれば、モモングヮの語は、ムササビの語の活躍する領域を侵すことなく、上手に己の生きる場を見つけだしていきました。つまり、ムササビの語は、伝統的な和歌、オーソドックスな散文作品に用いられていたのに対し、モモングヮの語は、新興の庶民文学である滑稽本・噺本《はなしぼん》、あるいは川柳・狂歌、あるいは庶民芸能である狂言に活躍の場を見いだしたのです。

そして、その意味も、本来の動物をさすよりも、むしろ化け物を表わす言葉として活躍する道を選びました。噺本『大御世話《おおきにおせわ》』に、「夜這《よば》い」という話があります。

亭主の留守を見計らって忍び込んだ男がいた。夜更けにそっと裏口の戸を開けて入ったところが、案に相違して、亭主がいる。亭主は、物音に目を覚まし、「誰だ？」。返事がないし、何事も起こらないので、亭主は、「犬らしい」とつぶやき、再び寝付こうとした。男は、亭主の言葉に力を得て、「わんわん」とほえてみせた。亭主は、変だと気づき、「猫だ」「鼠だ」と次々に動物を変えてみると、その度に男は鳴き声を変えていく。亭主は、おかしくなって言った。「『いやいや、こんな時には、えて化け物が出る物だ。化け物だもしれぬ』といふに、彼《かの》をとこ、是《これ》に困り、暫《しば》らく思案《しあん》して、障子をぐわたぐわたとならし、『ももんぐゎあ』」。

モモングヮアという言葉が、本来のリス科の動物を意味するのではなく、化け物の代名詞になっています。

（『噺本大系』巻一一）

丸綿《まるわた》を　取って見たれば　ももんぐゎあ

（『江戸川柳辞典』）

という川柳もあります。丸綿は、結婚式の時に、女性が頭にかぶる角隠しの一種。「三三九度の盃《さかずき》も終わって、花嫁が、角隠しを取ると、『こはいかに、化け物よろしくのご面相』」といった意味。

総仕舞　だんだんももん　ぐゎアが出る

（『川柳秘語事典』）

という句もあります。総仕舞というのは、遊廓でその店の遊女全員を買い切りにすることです。ですから、最初は美しい遊女が出てくるのですが、次第に醜い女や年寄りが出てきます。作者は、そういう女性たちをひそかにモモングヮアに見たてたのです。モモングヮアは、実在のリス科の動物を指す言葉ではなく、化け物を意味する語として活躍しています。

> 木石《ぼくせき》の怪を鬼畜といひ、山の怪をもんぐゎといひ、水の怪をかっぱの屁とやらいふ。（大田南畝《おおたなんぽ》『千紅万紫《せんこうばんし》』）

という記述もあります。モモングヮは、鬼畜、河童と並べられるような化け物なんです。

脅し文句・ののしり言葉

ですから、子供を脅すのにも都合の良い言葉ともなりました。江戸の笑話『鹿の巻《まき》筆《ふで》』にこんな話があります。

浪人が、就職口にありつけそうな屋敷に出向いたときのこと、出された菓子をその屋敷の子供が盗み食いをする。浪人は、自分がひもじさの余り食べたと思わ

図25　自分に出された菓子を子供がつまみぐいする。浪人は目・口をひろげて「ももんぐゎあ」と言って子供をおどしている。（『鹿の巻筆』巻二「夢中の浪人」東京大学総合図書館霞亭文庫蔵）

れるのも業腹《ごうはら》なので、「目と鼻に手をあてて目口をひろげて、『ももんぐゎあ』と云《いふ》。かの子おどろきてにげ、又きたればをどし、二、三度しけるが、また障子をあけてくる。かの子どもと思ひ、目口ひろげて、『ももんぐゎあ』といへば、殿なり」。殿は、そんな浪人を見て異常な人物と思い、勤め口の話は水泡《すいほう》に帰《き》してしまった。浪人は、屋敷を出るときに再び出会った子供に、腹立ち紛れに「ももんぐゎあ」といってまた脅した。人々は、ますます彼が異常だと思った

という話。図25は浪人が目と口を手で横に広げて「ももんぐゎあ」と、子供を脅している場面。

モモングヮアは、本来の動物から離れた化け物を意味し、子供や人を脅すときの言葉になっていたんですね。図26は、両腕を広げて肱《ひじ》を張って人を脅している様子。着物を頭からかぶってムササビが飛ぶような格好で脅す時もあります。

モモングヮアの語は、さらにエスカレートして相手を罵倒《ばとう》するときに使われる言葉ともなりました。『石場妓談辰巳婦言《たつみふげん》』に、こんなセリフがあります。客としてやってきた藤兵衛が、嫉妬心から女郎を責めたてる言葉です。

図26　鼠に姿を変えた死霊が「ももんぐゎ」と言って下男をおどしている。（『風流猫画之物語』東京都立中央図書館加賀文庫蔵）

ナゼそんなら喜之助が名を腕へ彫《ほ》った。イヤサどういふ訳合《わけあい》でおれを出し者にする。モウモウモウ是をいやァ胸ッぱらしが沢山ある。腕を彫るともかじるとも勝手にしろヱ。ももんがァめ。

「ももんがぁ」は、ののしり語です。そういえば、夏目漱石だって、小説『坊っちゃん』の中で、赤シャツのことをこうののしっていたではありませんか。

ハイカラ野郎の、ペテン師の、イカサマ師の、猫被《ねこっかぶ》りの、香具師《やし》の、モモンガーの岡っ引の、わんわん鳴けば犬も同然な奴とでも云うがいい。

明治時代の終わりになっても、まだモモンガーは、ののしり語として健在だったんですね。

元興寺の後継ぎ?

それにしても、リス科の小さな動物が、なぜ化け物になったのでしょうか? それは、ムササビ（モモンガを含む）の習性と関係があります。平安時代の『倭名類聚抄』は、ムササビ（モモンガを含む）について、「常に火烟《かえん》を食す」と記しています。ムササビ（モモンガを含む）は火や烟《けむり》を食べると考えられていたのです。江戸時代の『本朝世事談綺』になると、もう少し現実味を帯びた記述になります。

昼は、深山にかくれて夜出る。夜行の人の炬松《たいまつ》を翦《きり》てこれを消し、その烟火を吹《ふ》く。よって妖怪なりと、人これをおそる。

事実、ムササビとかモモンガと呼ばれている動物は、提灯《ちょうちん》などの火をめがけて飛んでくる習性を持っているらしいのです。有澤浩《ありさわひろし》さんは、現在のモモンガについて、こう記しています。

夜道を帰ることが何度かあった。そうした時には足元を照らすために提灯を使うが、その光めがけて飛んでくる鳥が必ずいて肝を冷やすことがしばしばだった。勇気のある男たちが相談し捕まえてみると、それは鳥ではなくこの小動物だった。

（「モモンガが見せた空中ブランコ」『驚異の動物七不思議』）

また、現在のムササビについても、今泉吉典《いまいずみよしのり》さんは、こう書いています。

好奇心が強く、夜道を歩いていると音もなく飛んできて、ガガガガ……と歯をかみならすような声を出して威嚇《いかく》することがある。そのときは、二つの目が恐ろしげにらんらんと輝いている。うしろからおそわれるような気がして身構えると、たちまち姿を消して左手にあらわれ、さらに頭の上を飛びこして右手にあらわれるといったぐあいで、まさに神出鬼没である。こうしたありさまは、まるですきを見て人間におそいかかろうとしているようである。

(『アニマルライフ』一三一号、一九七三年八月、「ムササビ」の項)

ムササビ(モモンガを含む)が、恐れられたのは、彼らのこうした習性に尾ひれのついた結果だったのです。

しかし、まだ問題が残っています。江戸時代にムササビという語は、化け物のイメージを帯びないのに、同一の動物を指すモモングヮという語だけが、なぜ化け物扱いされ、ひいてはののしり語にまでなってしまったのでしょうか?

まず、ムササビの語は古くからオーソドックスな世界で使われてきています。にわかに意味変化を起こすのは、不自然です。それよりも、新興のモモングヮの語に化け物めいた習性の方の意味を担わせる方が簡単です。

さらに、モモングヮの語は、末尾を「グヮア」と口を大きく開けて発音すれば、相手に襲い掛かる言葉としてムササビの語よりも何十倍も効果的です。

そのうえさらに、モモングヮに先立って化け物を表わす言葉として有名になっていたグヮゴジ（元興寺）の後継ぎとしてモモングヮの語は最適だったことです。グヮゴジは、室町時代の終わりから江戸時代のごく初期まで、化け物を表わし、人を脅す言葉でした。奈良の元興寺《ぐゎごじ》の鐘楼に鬼がいたという伝説から生まれたものです。「モモングヮ」の「グヮ」の音は、「グヮゴジ」を連想させやすい。現に、「元興寺」のことを後に「モモングヮ寺」とさえ言うようになっています。

ムササビと同じ動物をさす言葉であったにもかかわらず、モモングヮは、こうして江戸時代には、化け物の代名詞になってしまったのです。

実際の鳴き声は？

ところで、ムササビ（モモンガを含む）と呼ばれる動物の声は、一体どういう擬音語で写されるようなものだったのでしょうか？　必死の探索にもかかわらず、ムササビ（モモンガを含む）の声を写す語は、室町時代末期までは、見つけだすことができませんでした。ということは、ムササビ（モモンガを含む）の声が一般化していなかった証拠です。

江戸時代になっても、モモングヮという言葉が知られたわりには、その鳴き声は、知られていなかったようです。懸命に調査したにもかかわらず、声を写していると思われる例が、たったの一例しか得られなかったからです。その例は、洒落本『南閩雑《なんけいざつ》話《わ》』の会話の中にあります。品川遊里での客と女郎との惚《ほ》れた腫れたの会話です。「幸」は、町人幸次郎、「琴」は、女郎お琴のこと。

［幸］アアアア　あやまりました。そんならこんどから惚れますまい。
［琴］何でありいすの。ばからしうありいす。もう静かにしねんし。
［幸］誰が、さわがせる。

［琴］あのちいちいももんぐゎあか。

［幸］べらぼう、ではないさまよ。

「ちいちい」がモモンガの鳴き声を写す言葉です。「ちいちい」は、実際のモモンガの声をよく写しています。

モモンガは、ふだんは音楽的なチューチューという声で鳴くが、おどろいたときや攻撃的なときには、キーキーという声にかわる。

（今泉吉典「ももんが」『アニマルライフ』一三四号、一九七三年九月）

モモンガは、「ちいちい」と写されても不自然ではない声で実際に鳴いているのです。ただし、この「ちいちい」も、当時の人がモモンガの声を写したものであるという意識があったかどうかは分かりません。というのは、「あのちいちいももんぐゎあか」とあって、一種の成句となっているものだからです。

こうして、モモンガの声は、カラスの「カアカア」のような語としてはついぞ発見することができませんでした。ということは、冒頭に引用した狂言「柿山伏」の山伏ならずとも、当時の人々も一般にモモンガの鳴き声など知りはしなかったのです。モモンガやムササビは、山奥に棲《す》み、真夜中に行動する動物です。普通の人の目に触れる機会は、極めて少ない。ですから、その声を写す言葉も、残されていないし、知られてもいなかったと考えるのが、正解と言えそうです。

モモンガの鳴き声を言わせようとした地主だって、実は知らなかった可能性の方が高いのです。狂言を見ている観客も、「モモンガの鳴き声は?」と言われて、みんな一瞬考えた。さて、何て言うのだろうと思って、身を乗り出したとたんに、山伏が「モモンガ」と鳴いてみせます。すると、観客も地主と一緒になって、苦し紛れの山伏の機知に頬をゆるめる。誰も知らないモモンガの鳴き声を言わせることに、鷺流狂言「柿山伏」は、笑いを求めたものだったのです。

（8）美《うつく》し佳《よ》しと鳴く蟬は――ツクツクボウシ――

漱石はオシイツクツク

年毎《としごと》に蟬の声を聞く回数が減ってきています。去年なんかは、一回だけミンミン蟬の声を耳にし、あまりの珍しさにいたく感動してしまいました。油蟬の声も、ヒグラシの声も、ツクツクボウシの声も、大都市で聞くのは、もはや無理になってきました。残念でなりません。蟬の声を聞くと、夏を実感したものでした。

でも、明治時代には、東京の真ん中に住んでいても、蟬の声は嫌というほど聞けたのです。作者が駒込千駄木町に住んで執筆した『吾輩は猫である』には、蟬についてのこんな記述があります。猫の視点からみた蟬です。

油蟬はしつこくて行かん。みんみんは横風で困る。只取って面白いのはおしいつくつくである。（中略）善く鳴く奴で、吾輩から見ると鳴くのと猫にとられるより外に天職がないと思われる位だ。（中略）高い木の枝にとまって、おしいつくつくと鳴いている連中を捕まえるのである。これも序《つい》でだから博学なる人間に聞きたいがあれはおしいつくつくと鳴くのか、つくつくおしいと鳴くのか、その解釈次第によっては蟬の研究上少なからざる関係があると思う。

（夏目漱石『吾輩は猫である』）

油蟬、ミンミン蟬、ツクツクボウシの観察が細かくなされています。身近に蟬のいた証拠です。現在、私たちがツクツクボウシといっている蟬を、漱石はオシイツクツクと呼んでいます。その鳴き声も「おしいつくつく」。けれども、猫によれば、「つくつくおしい」とも聞こえる。一体どっちが正しいのだと猫は人間に疑問を投げかけています。

こうした蟬の声が、身近に聞けなくなっている都会は「惜しいつくつく」と私も泣きたくなりますが、ここでは、そんな蟬の声に惜別の情を込めて探索し、最終章にします。蟬の声は、江戸時代までの古典文学作品にもよく見られます。クマ蟬、ツクツクボウシ、ヒグラシ、ミンミン蟬、の声が出てきます。このうち、もっとも例が多く、日本人に愛され続けたのは、ツクツクボウシの声です。そこで、『吾輩は猫である』の猫と同じく、ツクツクボウシの声に注目して、鳴き声の歴史をたどってみます。

現在では、「つくつく」は後ろに

ツクツクボウシという蟬の名は、鳴き声に関係あるに違いないのですが、私たち現代人は、鳴き声をその名のとおりに「つくつくぼうし」とはふつう聞いていません。『吾輩は猫である』に記してあったように、「つくつく」が後ろにくる形で聞くのが一般的です。私は群馬で育ちましたが、「おうしんつくつく」と聞いていました。島崎藤村は、童謡『蟬の子守歌』でこう聞いています。

ねんねんよ。おころりよ。おうしいつくつく、ねんねしな。(中略) めんめがさめたら、なにあげよ。おっぱい、おっぱい、おいしいおっぱい。いい児の坊やのおいしいおっぱい。おあがり、おあがり、おうしいつくつく。坊やのおっぱい、おうしいつくつく。

(大正一四年五月『金の星』)

ツクツクボウシの声は、「おうしいつくつく」。「おうしい」には、「美味《おい》しい」の意味を、「つくつく」には、赤ん坊のおっぱいに吸い付く擬音語「ちゅくちゅく」を掛けたものです。赤子が、おっぱいを飲んで「美味しい」と感嘆の声を上げ、さらにおっぱいに「ちゅくちゅく」と吸い付くといった情景を暗示しています。

こんな短歌もあります。

裏の森に　今鳴きそめし　おおしいつく　あな慌《あわただ》し　おおしいつくつく

（三ケ島《みかじま》葭子《よしこ》『現代短歌分類辞典』）

「おおしいつくつく」の声には、他の意味が掛けられているわけではありませんが、短い命を生き急ぐかのように、せわしなく鳴くツクツクボウシの声を直写しています。

こんなふうに現代では、ツクツクボウシの声を「おしいつくつく」「おうしんつくつく」「おうしいつくつく」「おおしいつくつく」と少しずつ違った形で聞いていますが、共通しているのは、「つくつく」の部分が後にきていることです。一体こうした転倒は、いつから起こっているのでしょうか？　大体「つくつくぼうし」と、名前のとおりに聞いていたことがあったんでしょうか？

「くつくつ」だった

ツクツクボウシが文献に現れるのは、平安時代からです。『蜻蛉日記《かげろうにっき》』に、こんな記述があります。

さながら八月になりぬ。ついたちの日、雨降り暮らす。時雨《しぐれ》だちたるに、未《ひつじ》の時ばかりに晴れて、くつくつぼうし、いとかしがましきまで鳴く……

（『蜻蛉日記』下巻、天禄三年八月　日本古典文学全集）

八月一日、雨が止《や》んで晴れてきた午後三時頃、クツクツボウシがやかましいくらいに鳴くというのです。蟬の名がツクツクボウシではなく、クツクツボウシとあります。前半部の音順が、現代とは違って転倒しています。一例だけでは、心配です。当時の辞書をひいてみます。

『倭名類聚抄』『類聚名義抄』『色葉字類抄』といった当時の辞書でも、すべて前半の音順は「クツクツ」です。とすると、平安時代の蟬の名は、現在のツクツクボウシではなく、クツクツボウシです。

後半の「ボウシ」の部分の読みも問題になりますが、現在と同じくすでに「ボウシ」と濁音であったと考えられます。というのは、『類聚名義抄』に「ボウシ」とわざわざ濁音であることを示す符号がついているからです。図27の最終行にある「クツくホウシ」をご覧下さい。「ホ」の字の左下に「::」が付いていますね。「ボ」と濁音で読む証拠です。ですから、後半は現在と同じく「ボウシ」であったのです。

けれども、次に述べるような掛詞の状況から、「ホウシ」と清音で呼ぶ場合もあったと考えられます。現在でも、ツクツクボウシと呼んだり、ツクツクホウシと清音で言ったりするのと同じです。以下、「ホウシ」と清音で発音する場合もあったという含みで、「ボウシ」に統一して話をすすめていきます。

さて、蟬の名がクツクツボウシだとすると、鳴き声も「くつくつ」と聞いていた可能性がきわめて高くなります。その鳴き声は、一体どうだったのでしょうか？　こんな例を見つけました。平安時代の『成尋《じょうじん》阿《あ》闍梨《じゃり》母集《ははのしゅう》』です。


蟬鳴く。おどろおどろしき声ひきかへ道心起こしたる、くつくつ法師と鳴くも、

（『新編国歌大観』巻三）

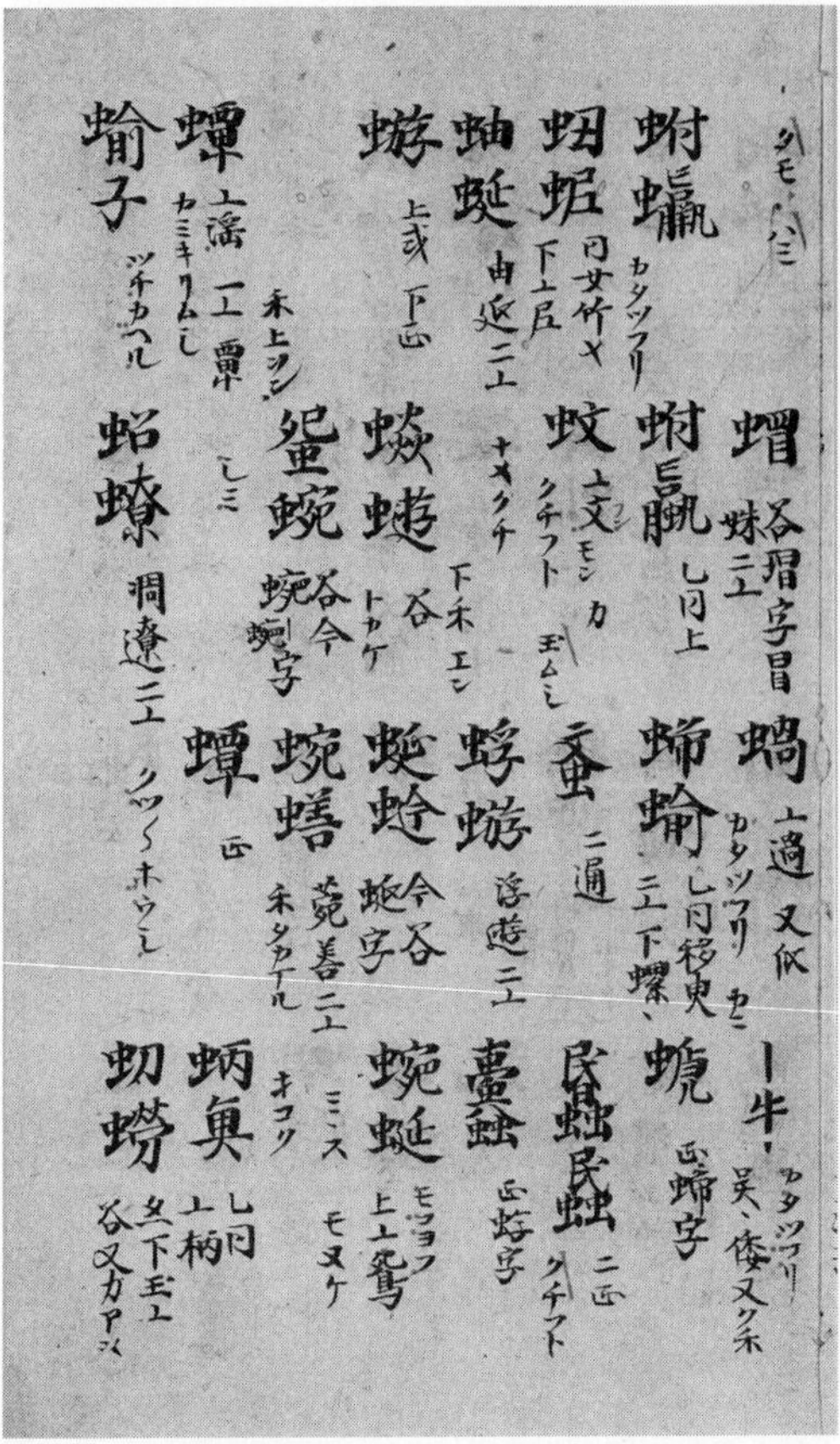

図27　最終行の中央に「クツクツホウシ」とある。「ホ」の字の左下をよく見ると、「••」が付され、「ボ」と濁音に読むことが分かる。(『類聚名義抄観智院本』天理図書館善本叢書より)

「蟬が鳴いている。大げさな声に似合わず道心を起こしたように『くつくつ法師』と鳴くのも」とあります。「くつくつほうし」と鳴いているのです！　現在、後半部になっている「つくつく」の鳴き声は、もともと前半部であったのであり、しかも、前半部の音順も現代とは違って「くつくつ」と聞いていたのです。とすると、ツクツクボウシの鳴き声は、転倒に転倒を重ねて変化し、現在に至っているという大まかな道筋が見えてきました。

蟬がお経を読むという発想

クツクツボウシの鳴き声を、当時の人は「沓《くつ》」や「法師《ほふし》」に掛けて聞いて楽しんでいます。天元四（九八一）年に開催された『小野宮右衛門督君達歌合《おののみやうえもんのかみきんだちうたあわせ》』には、こんな謎掛け遊び歌があります。右方《みぎかた》と左方《ひだりかた》に分かれ、それぞれ相手の出した謎を解き、答えを歌に詠み込む知恵の遊びです。

左方の出題した謎々は、「一昨日《をととひ》よりうそぶきの夜《よ》だに厭《いとは》るるもの（＝一昨日から口笛を吹き、夜でさえ嫌がられるものは？）」です。答えは「みかばち」だったのですが、難しくて右方の人には解けずに負けになりました。「みかばち」は、木蜂のこと。腹部のくびれていない蜂で当時の人々に嫌われていました。「一昨日より」とあるから、昨日、今日を数えれば三日になります。だから、「みか《三日》」なのでしょう。
右方の出した謎々は、「『履物《はきもの》ならべたるものに祈《いの》りの師《し》』はなあに?」です。左方の人はすぐに「夏の終わりから秋の初めに鳴く『くつくつほふし』」と解きました。「履物並べたるもの」は、「沓沓《くつくつ》」。「祈りの師」は、「法師《ほふし》」。合わせて「くつくつほふし」が出来上がります。そして、左方の人は、こんな歌を詠みました。

はきものを　ふたつならべて　つとめこし　くつくつほふし　いづちなるらん

(『新編国歌大観』巻五)

「履物を二つ並べて朝の勤行をしてきた法師は、どこにいるのでしょう」といった意味の歌。左方の人が勝ちました。
クツクツボウシのクツクツに、「沓」を掛けた例は、他には見当たりませんでしたが、ボウシにあたる部分に「法師」を掛けて聞くのは、平安時代のみならず、その後の時代にも引き継がれていて、この蟬の声の聞き方に一本の太い流れを形成しています。

たとえば、さきほど引用した『成尋阿闍梨母集』でも、「くつくつほうし」の後半部に「法師」を掛けて聞き、仏教臭を漂わせていました。
また、室町時代から発達した狂言には、『蟬』と題する曲目があり、次のような文句で終わっています。

今御僧の弟子となれば、成仏得脱うたがひあらじと髪剃落《そり》し、五戒をさづかり、
さてこそ蟬の羽衣着《き》て、つくつく法師となりにけり。
(『和泉流狂言大成』巻二)

蟬の亡霊が、松の木の下で休む僧の枕辺に現れ、僧の弔いのおかげで、これまで受けていた冥土《めいど》での責め苦から解放され、「法師」となった喜びを述べるといった内容。「つくつく法師」の「法師」という言葉が、この曲目の要《かなめ》となっています。
また、江戸時代のはやり歌に『蟬節』というのがあります。こんな歌詞。

蟬経読むわいの　蟬が経読みや
(「はやり歌古今集」『日本歌謡集成』巻六)

蟬が経を読むという発想は、「つくつくほうし」という声に「法師」を掛けていなければ出て来ないものです。さらに、江戸時代には、こんな歌もあります。

松風の　経読む声に　聞こえしは　つくつくほうし　鳴けばなりけり

（小沢芦庵《おざわろあん》『近世和歌集』日本古典文学大系）

「秋風が読経の声に聞こえたのは、ツクツクホウシが鳴いたからであった」と戯れた歌。「つくつくほうし」という鳴き声に、「法師」をなぞらえて聞いているからこそ成り立つ歌です。「つくつくほうし」の「ほうし」は、「法師」の語と重ね合わされて、仏教臭の強い江戸時代にもてはやされています。

現代になると、仏教の強い影響からは逃れますが、それでも「法師」のイメージを背負って使われることも多いんですね。

彼岸入り　ま昼の空に　つくつく法師　声はりあげて　季の移り告ぐ

（四賀《しが》光子《みつこ》『現代短歌分類辞典』）

法要や墓参りをする「彼岸」の語があり、明らかに「法師」の連想による歌であることが分かります。

つくづくと　吾れわが妻を　思ひあり　つくつくほうし　鳴く秋の日に
（和田山蘭《わださんらん》『現代短歌分類辞典』）

「つくつくほうし」が、亡くなった妻を思い出させています。「つくつくほうし」の背後に「法師」のイメージが消えていないからでしょう。日本人は、こんなふうに、この蟬の声の後半部に「法師」を掛けて聞く長い歴史を持っています。

ウツクシの異名

平安時代には、クツクツボウシの鳴き声を写す別のエレガントな言葉があります。風流な歌人として有名な元良親王《もとよししんのう》は、こんな歌を詠んでいます。

蟬の羽《は》の　薄き心と　言ふなれど　うつくしやとぞ　まづはなかるる

（「元良親王集」『新編国歌大観』巻三）

「蟬の羽のように、情の薄い男だとあなたの親は言うようだけれど、僕は君が愛しいなあと思い出し、まずは涙がこぼれてしまう」といった意味の歌。「うつくしや」が、クックツボウシの鳴き声。思わず唸《うな》ってしまうほど、巧みな聞き方。この聞き方は、クックツボウシの異名としてウツクシという語をも生み出したようです。というのは、元良親王の亡くなった後に生まれた、大弐《だいに》高遠《たかとお》という歌人が、クックツボウシの声を聞いて、こんな歌を詠んでいるからです。

我が宿の　つまは寝よくや　思ふらん　うつくしといふ　虫のなくなる

（「大弐高遠集」『新編国歌大観』巻三）

「うつくしといふ虫」とありますから、ウツクシという語がクックツボウシの異名にもなっていたことが分かります。歌壇に新風を吹き込んだ源俊頼も、ウツクシという異名を応用して、クックツボウシの声をこう詠んでいます。

女郎花《をみなへし》　なまめきたてる　姿をや　うつくしよしと　蟬の鳴くらん
（「散木奇歌集」『新編国歌大観』巻三）

「蟬の鳴く木の傍らに、たおやかな女郎花が咲いている。それを見て、蟬は『美し佳し』と鳴いているのだろうか」と俊頼は歌っています。変人とも言われた俊頼は、鳥や虫の声を歌に詠み込む異色の歌人です。ウィットに富んだ聞きかたであり、その新鮮さに目を奪われます。聞きなしました。むろん、俊頼はウックシという別名を利用したのですから、彼の工夫はもっぱら「よし」の部分にかかっています。それと、初々しい女性を暗示する女郎花に「うつくしよし」の声を配する腕前は、俊頼ならではの感があります。

俊頼の創り出した「うつくしよし」の声は、鮮烈な印象を与え続けたようで、江戸時代になっても、次のようにそのままの形で用いられたりしています。

ハハア蟬の声で　うつくしよし　トきてゐるはえ　（『素人狂言紋切形』初上）

こんなふうに、クックツボウシの鳴き声は、和歌の世界に採り入れられて雅《みやび》やか

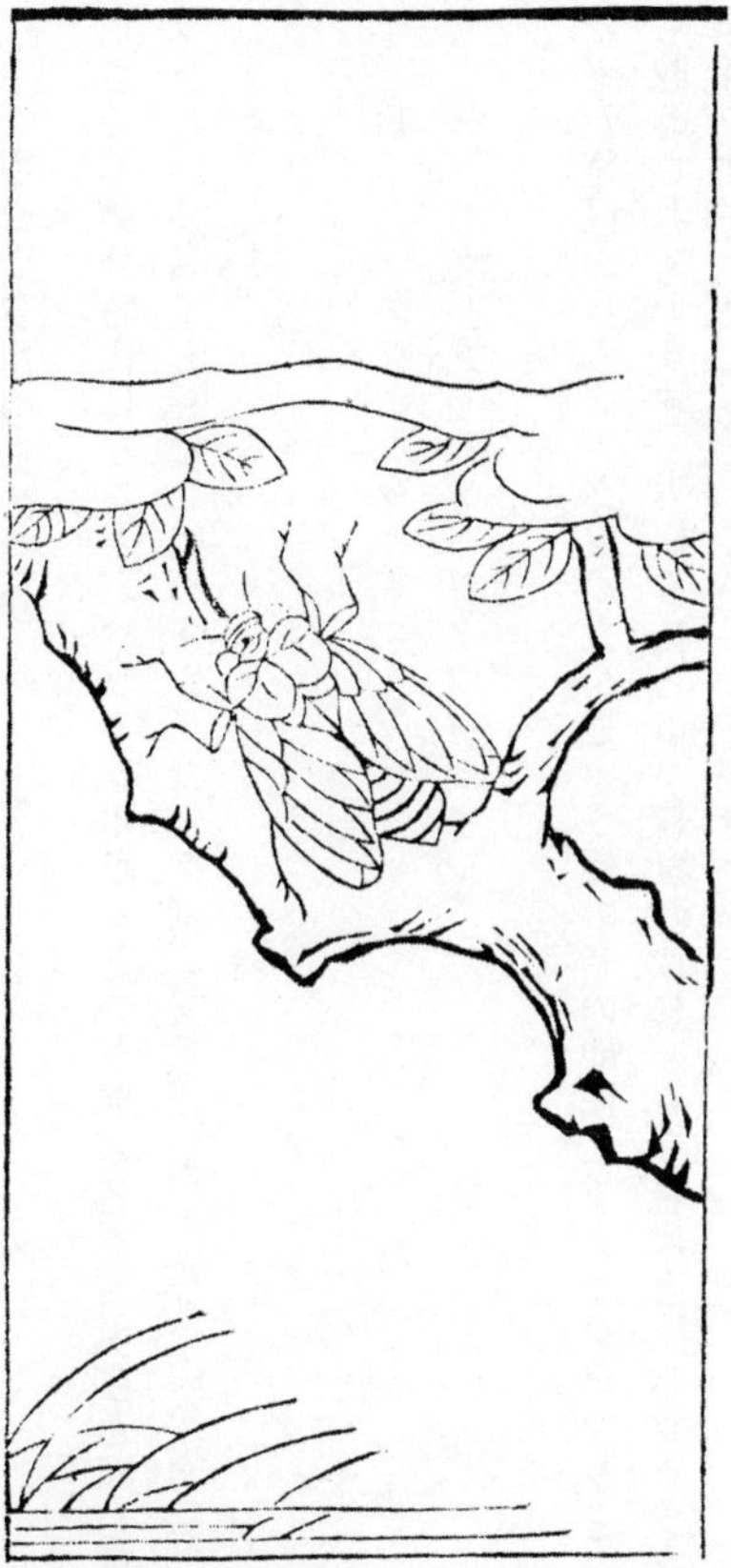

図28　やや不細工なツクツクボウシだが、「うつくしよし」などと鳴いていたのだ。（『和漢三才図会』巻五十三　五丁ウラ「蟪蛄《くつくつぼうし》」国立国会図書館蔵）

な「うつくしや」「うつくしよし」の鳴き声になって活躍していました。

ツクツクボウシの登場

さて、鎌倉時代になると、クックツボウシという蟬の名は、現在と同じツクツクボウシという名でも呼ばれ始めます。たとえば、鎌倉時代の辞書『字鏡集《じきようしゆう》（寛元本）』に、こうあります。

蛁　クックツホウシ

蟧　ハタハタ　セミ　ツクツクホウシ

平安時代からのクックツボウシという蟬の名の他に、ツクツクボウシという蟬の名も収録されています。ということは、鎌倉時代に、もう現代と同じツクツクボウシが辞書の世界に浮上してきていることが分かります。

また、室町時代に成立した『温故知新書』にも、

蛁蟧　ツクツクホウシ

蚼蟟　クツクツホシ

という二つの語が記されています。この他、室町時代の辞書には、古いクツクツボウシしか載せていないものと、逆に新しいツクツクボウシしか載せていないものとの二系統があります。つまり、室町時代の中頃まで、伝統的なクツクツボウシと、新しく力を付けてきたツクツクボウシとが、勢力争いを繰り広げていたのです。

けれども、室町時代も末期になると、もはや現代に通ずるツクツクボウシの語が圧勝し、『運歩《うんぽ》色葉集』を始め、江戸時代初期の『節用集大全（恵空《えくう》編）』『書言字考《しょげんじこう》節用集』など、ツクツクボウシの呼び名のみを掲載する辞書が主流になっていきました。

なぜ、ツクツクが勝利したのでしょうか？　室町時代には、「くつくつ」という擬音語が別に存在しており、それとの区別が必要だったからだと私は推測しています。「くつくつ」は、うがいする時に口に水を含んで立てる音や、器《うつわ》の中で液体が煮えたぎる音を表わす擬音語です。

盥漱《くつくつ》—ウガイシテ、クツクツトス　ナゾ　　（『勅規桃源鈔』四）

また、口の中でつぶやく様子をも「くつくつ」といいます。現在の「ぶつぶつ」に該当する意味です。

詩ヲ吟ジテ面白句《オモシロキク》ヲツクラウトデ　クックツト案ジテ、声ヲ細《ホソ》ウシテ苦《クル》シサウニ吟ズル声ハ　（『詩学大成抄《しがくたいせいしょう》』六）

クックツボウシの「くつくつ」も、こうした「くつくつ」と混同されかねません。それは、不便です。そこで、誤解の生じにくいツクツクボウシの語の方が、採用されたのではないか、と私は考えています。

さらに、山口佳紀《よしのり》さんは、ツクツクボウシに変化した積極的な理由を「つくづく」という語の影響ととらえています。「法師」の上にくる語としては、思いを凝らすさまを表わす「つくづく」がふさわしいと感じられたと言うのです（「語形変化に関する一問題」『日本語史研究の課題』武蔵野書院）。

まとめると、①他の意味をもつ「くつくつ」との混同を避ける必要があったこと、②「つくづく」との関連性が感じられること、によって、ツクツクボウシが勝利したのです。

転倒に次ぐ転倒の歴史

さて、室町時代にツクツクボウシの呼び名が勢力を得ていくと、「つくつくぼうし」という鳴き声のほかに、江戸時代には次のようなさまざまな声が出てきました。次は、江戸時代の落首。

空蟬《うつせみ》の　つくしよしとは　思はねど　身はもぬけつつ　鳴く鳴くぞゆく

(『陰徳太平記』巻一九)

相良武任《さがらたけとう》は、主君大内義隆が老臣陶晴賢《すえはるかた》に襲われたことを、石見国《いわみのくに》(＝島根県)で耳にしました。急いで周防《すおう》の城に駆けつけようとしましたが、陶の家臣に邪魔されて帰れません。やむなく筑紫《つくし》(＝福岡県)に逃げ下る途中で詠んだとされる落首です。「蟬が鳴くように『筑紫、良し』とは思わないけれど、やむを得ず抜け殻のようになって泣きながら筑紫の国に行くのだ」といった意味。落首に詠まれるくらい「つくしよし」

の鳴き声は有名だったのです。
さらに、「つくしこひし」という刺激的な聞き方もあります。横井也有《よこいやゆう》の『鶉衣《うずらごろも》』に、こんなことが書かれています。「」内のみ、原文です。

「つくつくほうしといふせみは、つくし恋しともいふ也。」筑紫の人が旅先で死んでこの蟬になったのだと言われている。この蟬の声の哀れさは、天まで届くホトトギスの鳴き叫ぶ声にも劣らない。
（『近世俳文集』日本古典文学大系）

また、「つくづくうし」「つくづくをし」の声もあります。まずは、江戸に住んでいた頃、たくさん鳴いていた蟬の声がある朝ぴたっと聞こえなくなったので、香川景樹《かがわかげき》の詠んだ歌。

この世をば　つくづくうしと　鳴き捨てて
またいかさまに　身をばかへけむ
（『桂園一枝《けいえんいっし》』『新編国歌大観』巻九）

「この世がつくづく憂し（＝つらい）と言って世を捨てて、今度はどんな姿に身を変えたのだろう」といった意味の歌。ツクツクボウシのボウシに「法師」を連想し、出家して姿を変えたことを暗示したもの。

次は、小林一茶の俳諧歌。

入相《いりあい》の　鐘より暮れて　秋行くを　つくづくをしと　蟬の鳴くらん

（『文政句帖』文政五年八月『一茶全集』）

「夕暮れ時、寺で勤行の合図に突き鳴らす鐘とともに夏も終わり秋になってゆくのを、蟬が『つくづく名残《なごり》惜《お》しい』と鳴いているのだろう」といった意味。

現代になると、ツクツクボウシの鳴き声は冒頭に述べたように「おしいつくつく」「おうしいつくつく」「おうしんつくつく」「おおしいつくつく」と、前半部と後半部をさらに転倒させて聞いています。

ツクツクボウシの声は、「くつくつ」から「つくつく」へと音順を転倒し、さらに「ほうし」に該当する後部要素を前部に転倒させて今日にいたるという転倒の歴史だったのです。

以上が、冒頭の『吾輩は猫である』の猫の疑問に対する答えです。

エピローグ

一通の手紙

二〇〇二年の五月中旬、大学にある私のメールボックスに一通の手紙が届いていました。差出人を見ると、光文社の森岡純一さんという方でした。一度もお会いしたことのない編集者さんでしたが、『三省堂ぶっくれっと』(二〇〇一年一一月)に載せてあった私の「擬音語・擬態語に魅せられる」を読んで、ぜひこうしたテーマで新書を書き下ろしてほしいという依頼の手紙でした。

私は、一筋の光が差し込んできたような明るい気持になりました。私の書いた原稿を見て注文をしてくださったということが幸せな気持の源でした。それに、そろそろこういう本をまとめたいという思いがあったので、うれしさはひとしおでした。

五月二一日、私は、森岡さんと草薙麻友子さんというもう一人の編集者と三人で、改めて内容の打ち合わせをしました。それからは、毎日が原稿書きに追われっぱなしでした。折から勤め先の大学では、博士課程を立ち上げねばならず、煩雑《はんざつ》な書類書きを並行して行わねばならない状況に追い込まれていました。それでも、この本の原稿書きの時間になると、異様に興奮し、体中に力が湧いてくるのを覚えました。

今度は身近な動物の声で

実は、私は一九八九年に『ちんちん千鳥のなく声は―日本人が聴いた鳥の声―』(大修館書店)を出版しています。それは、鳥の声を写す言葉の歴史を文化史と絡めながらとらえた本です。テーマが変わっていたせいか、予想を越えて多くの新聞や週刊誌、テレビ・ラジオといったメディアにとりあげてもらいました。

その時から、次はもっと身近な動物の声を写す言葉の歴史を明らかにしたいという思いを持ちました。一九九二年、私は「動物たちの声を聞く」というシリーズ名で『月刊言語』に半年ほど連載しました。犬の声、猫の声、鼠の声、牛の声、馬の声、狐の声の歴史的推移を追究したものです。それぞれの論文タイトルは、この本と同じく「昔の犬は何と鳴く」(一月)、「ニャンとせう」(二月)、「チウき(突き)殺してやらう」(三月）、「モウモウぎうの音も出ませぬ」（四月）、「イヒヒンヒンと笑うて別れぬ」（五月）、「われは狐ぢゃこんこんくゎいくゎい」（六月）でした。これらの動物は、日本人が最も身近に感じていた動物たちで、日本の古典にも顔を出すことが多く、その声を写す言葉も記録されていることが多い動物たちです。

一九九六年には、「モモンガの声―擬声語に関する一考察―」（『山口明穂《あきほ》教授還暦記念 国語学論集』明治書院）、「ツクツクボウシの鳴く声は―擬声語の史的推移―」（『国語語彙史の研究』一六・和泉書院）の論文を発表しました。以上の六本の連載論文と二本の単発論文をもとに、読みやすいかたちに書き下ろし、この本の第二部にしました。

擬音語・擬態語の特色も

動物の鳴き声を写す言葉というのは、大きく見ると、擬音語・擬態語という範疇《はんちゅう》に属します。擬音語・擬態語は分量も多く、日本語の特色をなしている語群です。こうした擬音語・擬態語という大きな枠組みでまず一般的な性質をとらえておく必要があります。さもないと、木を見て森を見ずということにもなりかねません。そこで、

第一部に、擬音語・擬態語の一般的な特色を明らかにする内容を配することにしました。

まずは、編集者の森岡さんがこの本を依頼するきっかけになった「擬音語・擬態語に魅せられる」を先頭に持ってきて、こうした語群を追究する意味と魅力を明らかにしておきました。この章は、本書への導入部の役割も担っています。

「擬音語・擬態語のかたち」は、長年にわたる私の調査資料をもとに、全く新たに書き下ろしました。「擬音語・擬態語の寿命」「擬音語・擬態語の変化」は、前者がマクロの視点からとらえた擬音語・擬態語の寿命、後者は、ミクロの世界からとらえた擬音語・擬態語の変化の様相です。それぞれ「中古象徴詞の研究」(『私学研修』一〇七・一〇八合併号、一九八七年)、「擬音語・擬態語の変化」(『日本語史研究の課題』武蔵野書院、二〇〇一年)という論文をもとに、書き下ろしたものです。

「掛詞で楽しむ擬音語・擬態語」は、今まで書き溜めてきた論文をアレンジして書き下ろしました。「辞典の中の擬音語・擬態語」は、私の平素考えていることをまとめ、求められている擬音語・擬態語辞典の姿を述べてみました。これも、この本のために書き下ろしました。

こうして本に

私の原稿が滞るのを恐れて、森岡さんと草薙さんは、かわるがわる一週間ごとにやってきては仕上がった分の原稿を持ち帰っていきました。二人とも実にさわやかにやってきては、次回に渡すべき原稿の分量をしっかり決めて帰ってゆきます。

こうしてこの本が誕生しました。小さな小さな本ですが、類書のないのが強みです。自分で調査し考察していく楽しさをとことん味わったテーマでした。私の長い間の研究成果の一端をエンジョイしていただければ幸いです。日本語の面白さ、奥深さ、そうしたものを感じていただければもっと幸いです。

なお、挿絵は、本文と有機的な関係をもつようなものを選んで入れました。国立国会図書館をはじめ、原本所蔵機関や所蔵者の方々、あるいは原作者御自身が、この本への掲載を快く許可してくれました。心より御礼申し上げます。

二〇〇二年七月三〇日

山口仲美

あとがき――文庫版刊行にあたって

新書刊行後のこと

新書で『犬は「びよ」と鳴いていた――日本語は擬音語・擬態語が面白い』(光文社)を刊行したのは、二〇〇二年八月。刊行当初、朝日新聞に取り上げられたのを皮切りに、多くのメディアで扱ってもらい、講演やテレビ出演で大忙しの思いをしたことを記憶しています。

今回、その新書を文庫化していただけるという話がにわかに持ち上がって、装い新たに文庫の仲間入りで再出発。春の到来の季節と相まって、うきうきした気持になります。思えば、新書を刊行した当時は、まだ「擬音語」「擬態語」（現在では両者を合わせて、「オノマトペ」という）の研究がほとんど未開拓でしたので、とても新鮮だったのだと思います。それから二〇年余りたって、今や擬音語・擬態語は、日本語学分野に限らず、言語学や心理学の分野でも研究されており、活況を呈し、とても頼もしい状況になっています。

以下、私が、新書刊行後に行ったオノマトペ関係の研究や仕事をお知らせし、文庫版の「あとがき」に代えたいと思います。

オノマトペ辞典を作る

新書『犬は「びよ」と鳴いていた』の第一部には、「辞典の中の擬音語・擬態語」の章があります。その章で、私は、日本人をも満足させる擬音語・擬態語辞典がほしいと述べました。その頃、刊行されていた擬音語・擬態語辞典は、日本語を学ぶ外国人向けのものか、翻訳の便宜のためかのいずれかの目的のために作られたものだったのです。それに対して、私は日本人が読んで「なるほど、そんな面白いことがあるのか」と思うような、一般に知られていない新事実を書き記してある擬音語・擬態語辞典を作りたかったのです。

その念願は、かないました。二〇〇三年一一月に講談社から『暮らしのことば　擬音・擬態語辞典』を刊行できたのです。かなり前から、辞書作りの準備をしてはいたのですが、私一人で執筆するのは、時間がかかりすぎます。それで、一四人の大学の先生方にお願いして協力していただきました。六〇〇頁余りの辞典になりました。

この辞典の特色の一つは、二〇のコラム欄が入っていることです。私自身が研究して明らかにできた興味深い事実のエキスを掬《すく》い取って書いたコラムです。コラムだけ読んでいただいても、オノマトペの性質がよく分かると思います。

その辞典は、その後『擬音語・擬態語辞典』と名称を変えて講談社の学術文庫に入って、順調に版を重ねています。これが、新書刊行後の私のオノマトペ関係の仕事の一つ目です。

オノマトペの歴史を探る――しゃくりあげて泣いていた平安男子

二つ目は、動物の声を写す擬音語の歴史ばかりではなく、楽器の音を写す擬音語の歴史、日本人の泣き声や泣く様子を写すオノマトペの歴史、時代別のオノマトペの様相などをテーマに研究を進めたことです。

たとえば、日本人の泣く声や様子を表わすオノマトペの歴史。とても面白い結果がでました。民俗学者の柳田國男さんは、「男は人前では泣かないが、女は泣いてもいい」というのが、日本の風習だと指摘しています。

ところが、調べてみると、柳田説は、明治時代以後の日本人にのみ当てはまる風習なのです。一つ時代を遡った江戸時代の日本人は、男も女も人前で声をあげて「わっ」と泣いています。その前の鎌倉・室町時代になると、男も女も声を立てては泣いていない。男は「はらはら」と涙をこぼすだけ、女は「さめざめ」と泣くだけ。男も女も、声をあげて泣かないのです。

さらに、平安時代になると、なんと、男が人前で声をあげて泣き、女の方が声をあげずにこっそり泣いています。明治時代以降と全く逆なんですね。平安時代には「さくりもよよ」という言葉があります。しゃくりあげておんおん泣くことです。『源氏物語』の主人公の光源氏も「さくりもよよ」と人前で泣いていますし、実在の人物である藤原道長も一条天皇も、「さくりもよよ」と泣いています。

それに対して、女性の方は、声を立てて泣かない。隠れて「しほしほ」「ほろほろ」「つぶつぶ」と涙をこぼすだけ。奈良時代も、平安時代とほぼ同じ。

こんなふうに、時代によって男と女の泣き方が変化しているのです。どうして、そんな変化が起こるのか？　それぞれの時代の制度と密接に結びついていることが分かってきました。これらの研究については、最後に一括して示す拙著に収録されています。

コミック世界のオノマトペ

三つ目は、コミック世界でのオノマトペの役割の解明です。日本のコミックが世界に羽ばたけたのは、日本語に豊かに存在するオノマトペとタッグを組んだからです。オノマトペは、絵にはない音（例、どっかーん）を加え、絵にはない感覚（例、べっとり）を付与して、迫真効果を作り出しています。

さらに、コミックでは、オノマトペだけでストーリーを展開させたり、滑稽感を引き出したり、心理描写をしたり、時間の流れを作り出したりしています。

問題は、日本のコミックが海外に輸出され、翻訳された時、オノマトペはどうなっているのか？　相手国に日本のオノマトペに該当する言葉がない時の方が多い。一体、どのように処理しているのでしょうか？　そんなことも追究し、明らかにしました。

語源になっているオノマトペ

四つ目の研究は、語源探究です。オノマトペ出身の言葉って意外に多いんです。たとえば、「ブランコ」。カタカナで書かれるので、外来語かと思ってしまいますが、れっきとした和語。「ぶらんぶらん」するから「ぶらんこ」です。「こ」は、オノマトペによく使われる接辞です。「ぺちゃんこ」「ぎっちらこ」の「こ」ですね。

「パチンコ」とか、「おべんちゃら」とか、「どんぶり」だって、オノマトペ出身の言葉です。全くそうは見えない植物名の「ひいらぎ」も、食べ物の「おじや」も、オノマトペ出身の言葉。こんなふうにオノマトペと関係ありそうな日常語をとりあげて、その語源を探究する研究もしました。

新書刊行後、こうした研究をして現在に至っています。

これらの二つ目～四つ目にあげた研究は、すべて、山口仲美著作集の第五巻『オノマトペの歴史1』(風間書房、二〇一九年一〇月)と第六巻『オノマトペの歴史2』(風間書房、二〇一九年一二月）に収録されています。もし、興味を持ってくださる方がいらっしゃったら、さらに、これらの本で楽しんでいただければ、とてもうれしいです。

二〇二三年三月三日のお雛祭りに記す

山口仲美

ビビビッ　76
ヒヒヒヒヒヒ　203
ヒヒヒンヒン　202
ヒヒン　193
ひよ　15, 90, 125
びよ　15, 128
びよびよ　129
びょう　15, 130
ヒラヒラ　50, 52
ピロピロピー　63
ヒン　193
ひんこひん　204
ひんひん（ヒンヒン）　116, 199, 204
ぴんぴん　204
ブ　179
フツ　48, 56
プッツン　77
ブッハァー　82
フツフツ　48, 56
フツリ　48, 56
ブブ　48, 56, 57
フリフリ　50, 56, 60
べイ　127
べう　130
べうべう　132
ヘークッシャンウエー　83
ヘックショイ　83
ポー　77
ほーほけきょー　116
ホト　48, 56, 60
ぼぼら　40
ホロホロ　50, 52

ま 行

ミウミウ　96
みんみん　253
ム　177
むっさ　41
むった　41
ムモ　126, 179
むんず　41
メー　181
メイ　127, 181
モー　177
もう　186
モウモウ　189
モーモー　189
ももんぐゎ　237

や 行

やちよ　99
やはやは　22
やらら　40
ユウユウ　50, 53
ユブユブ　50, 56, 58
ゆらゆら　24
ゆらら　40

ら 行

ルンルン　76

わ 行

わしわし　82
わん　133
わんわん　111, 112, 122
ゑらゑら　39
ンモー　127

つづりさせ　93
ツフ　49, 56, 60
つぶつぶ（ツブツブ）　39, 47, 49, 56
ツブリ　47, 56
つやつや　24
ツラツラ　50, 56, 60
つらら　40
つるつる　15
ドウ　48, 52
東天紅（とうてんこう）　16
ドックンドックン　75
とっけいこう　16
とってこう　16
ドドドーッ　81
どひゃひゃひゃひゃ　85
とをを　40

な 行

なよなよ　22
ニココ　50, 56, 57
ニココニ　19
にこっ　107
にこにこ　107, 110
にこり　107
にたにた　107
にっこり　107
にゃあ　136
にゃあう　150
にゃあにゃあ　146
ニャアン　143
にゃう　150
にゃお　150
にゃご　150
にゃごおう　150
ニャーゴニャーゴ　151
にやにや　107
ニャーニャー　146
にゃん　140
にゃんにゃん　140
ニュー　79
にょうにょう　157
ヌイ　127, 181
ねうねう　21, 152
ノソノソ　80
ノドノド　50, 56, 60
のりすりおけ　17
のりとりおけ　17

は 行

バキューン　68
ハク　48, 56, 60
ハタ　48, 52
ハタハタ　48, 52
ハタリハタリ　48, 52
ハッ　118
はった　41
HAHA　74
バババババ　71
はらはら（ハラハラ）　24, 50, 52
はらら　40
びい　89
ヒインヒイン　202
ヒシ　50, 52
ヒシヒシ　48, 52
びしびし　39
ヒタ　50, 52
ピッ　67
ひっし　41
ひとくひとく　98
ヒヒ　89

こうこう（コウコウ）　38, 46, 52, 214
こかこか　117
コク　118
こけこっこー　16, 115
ココ　17
コソコソ　47, 52
コホロ　19, 47, 56, 57
ころ　116
ころく　116
こん　212
こんくゎい　211
こんこん　212
こんよ　91

さ 行

散（サ）　49, 54
サッ　118
ざっく　41
さっくら　41
さっぱ　41
さっぱり　109
ザブザブ　47, 52
ザブリザブリ　47, 52
サメザメ　49, 52
サヤサヤ　47, 52
サラサラ　47, 52
ざんぶ　41
しいい　96
しうしう　170
しかしか　95
じじ　173
しっとら　41
しのの　40
しぱーん　83
しほほ　40
しみみ　40
シャッシャッシャッ　81
しんしん　96
すっぱ　41
ずっぱ　41
すんずら　41
そよ　20, 87, 101
そよそよ　88, 101
ソヨリソヨリ　47, 52

た 行

タソタソ　49, 56, 60
ダダダッ　81
たをたを　22
たんぢ　41
だんぶ　41
ちいちい　167, 251
チイチ チイチ チイチ　169
ちう（チウ）　38, 47, 52, 164
ちうちう　159
ちち　168
ちちち　169
チビリチビリ　79
チュウ　159
ちゅうちゅう（チュウチュウ）　161, 175
チュンチュン　171
ちよちよ　98
ちりう　38
チロリン　67
チン　67
つくしこひし　272
つくしよし　271
つくつくおしい　254
段々・断々（ツダツダ）　49, 56, 57

索引

あ行

あざあざ　22, 39
あたふた　114
あっさり　108
アハハハハ　74
阿呆阿呆（あほうあほう）　117
イ　178, 194
いいんいいん　196
いう　195
いがいが（イガイガ）　20, 46, 56, 57
いにゃんいにゃん　143
いひいひ　207
いひひひん　207
いひひんひん　207
イン　194
うくひず　97
うつくしよし　266
うっと　41
うっとら　41
ウヒヒヒヒヒ　73
うふふふうー　73
うるうる（ウルウル）　15, 78
ウンメ　183
ウンモ　183
エブエブ　44, 46, 56
おいおい　86
おうしいつくつく　255
おうしんつくつく　255
おしいつくつく　254
おたおた　114
おぼおぼ　22

か行

かあかあ　116
かいろ　92
カカ　19, 46, 56, 60
嗚嗚（かかあかかあ）　117
かから　40
ガサ　47, 52
ガタピシ　64
がっこん、がっこん　72
かっぱ　41
がっぱ　41
カッポカッポ　65
かひよ　90, 91
から　116
カラカラ　47, 52
カリ　99
カリカリ　99
急（キ）　49, 54
ギ　47, 54
ぎう　190
キシキシ　47, 52
キッ　118
行（ギャウ）　46, 53
キャッキャッ　18
鏗（キラ）　49, 52
鏗々（キラキラ）　49, 52
クオォン！　70
乱々（クタクタ）　49, 52
砕々（クダクダ）　49, 56, 60
くつくつぼうし　257
クム　127
グム　127
クルクル（絡々）　49, 52
くるる　40
くゎいくゎい　221
クヮンクヮン　225
けざけざ　22
こう　220

光文社未来ライブラリーは、
海外・国内で評価の高いノンフィクション・学術書籍を
厳選して文庫化する新しい文庫シリーズです。
最良の未来を創り出すために必要な「知」を集めました。

本書は2002年8月に光文社新書として刊行したものを
加筆修正して文庫化したものです。

光文社未来ライブラリー

犬《いぬ》は「びよ」と鳴《な》いていた
日本語《にほんご》は擬音語《ぎおんご》・擬態語《ぎたいご》が面白《おもしろ》い

著者 山口仲美《やまぐちなかみ》

2023年5月20日　初版第1刷発行

カバー表1デザイン　熊谷智子
本文・装幀フォーマット　bookwall
発行者　三宅貴久
印　刷　堀内印刷
製　本　ナショナル製本
発行所　株式会社光文社
〒112-8011東京都文京区音羽1-16-6
連絡先　mirai_library@gr.kobunsha.com（編集部）
03(5395)8116（書籍販売部）
03(5395)8125（業務部）
www.kobunsha.com
落丁本・乱丁本は業務部へご連絡くだされば、お取り替えいたします。

©Nakami Yamaguchi 2023
ISBN978-4-334-77070-9　Printed in Japan

R <日本複製権センター委託出版物>
本書の無断複写複製（コピー）は著作権法上での例外を除き禁じられています。本書をコピーされる場合は、そのつど事前に、日本複製権センター（☎03-6809-1281、e-mail : jrrc_info@jrrc.or.jp）の許諾を得てください。

本書の電子化は私的使用に限り、著作権法上認められています。ただし代行業者等の第三者による電子データ化及び電子書籍化は、いかなる場合も認められておりません。

日本音楽著作権協会（出）許諾 第2302503-301号

光文社未来ライブラリー　好評既刊

第1感
「最初の2秒」の「なんとなく」が正しい
マルコム・グラッドウェル
沢田　博
阿部　尚美　訳
一瞬のうちに「これだ！」と思ったり、説明できない違和感を感じたり。この「ひらめき」がどれほど人の判断を支配しているのか、多くの取材や実験から、驚きの真実を明かす。

ヒルビリー・エレジー
アメリカの繁栄から取り残された白人たち
J.D.ヴァンス
関根　光宏
山田　文　訳
白人労働者階層の独特の文化、悲惨な日常を描き、トランプ現象を読み解く一冊として世界中で話題に。ロン・ハワード監督によって映画化もされた歴史的名著が、文庫で登場！

子どもは40000回質問する
あなたの人生を創る「好奇心」の驚くべき力
イアン・レズリー
須川　綾子　訳
「好奇心格差」が「経済格差」に！　知ることへの意欲＝好奇心は成功や健康にまで大きな影響を及ぼす。好奇心はなぜ人間に必要なのか、どのように育まれるかを解明する快著。

世界は宗教で動いてる
橋爪大三郎
ユダヤ教、キリスト教、イスラム教、ヒンドゥー教、儒教、仏教は何が同じで何が違う？　世界の主要な文明ごとに、社会と宗教の深いつながりをやさしく解説。山口周氏推薦！

誰もが嘘をついている
ビッグデータ分析が暴く人間のヤバい本性
セス・スティーヴンズ＝ダヴィドウィッツ
酒井　泰介　訳
検索は口ほどに物を言う！　グーグルやポルノサイトの膨大な検索履歴から、人々の秘められた欲望、社会の実相をあぶり出した全米ベストセラー。（序文・スティーブン・ピンカー）

光文社未来ライブラリー　好評既刊

アマゾンの倉庫で絶望し、ウーバーの車で発狂した
潜入・最低賃金労働の現場
ジェームズ・ブラッドワース　濱野 大道 訳

アマゾンの倉庫、訪問介護、コールセンター、ウーバーのタクシー―英国の〝最底辺〟労働に著者自らが就き、その体験を赤裸々に報告。横田増生氏推薦の傑作ルポ。

趙紫陽 極秘回想録（上・下）
天安門事件「大弾圧」の舞台裏
趙紫陽ほか　河野 純治 訳

中国経済の発展に貢献しつつも、権力闘争に敗れ追放された元総書記。16年もの軟禁生活のなか秘かに遺された多くの録音テープが明かす歴史の真実とは？（解説・日暮高則）

ソビエト帝国の崩壊
瀕死のクマが世界であがく
小室 直樹

今でも色あせない学問的価値を持つ、小室直樹氏のデビュー作を復刊。なぜ彼だけにこのような分析が可能だったのか？ 伝説の「小室ゼミ」出身である橋爪大三郎氏推薦・解説。

ありえない138億年史
宇宙誕生と私たちを結ぶビッグヒストリー
ウォルター・アルバレス　山田 美明 訳

今の世界を理解するには、宇宙誕生から現在までの通史――「ビッグヒストリー」の考え方が必要だ。恐竜絶滅の謎を解明した地球科学者による科学エッセイ。鎌田浩毅氏推薦・解説。

DOPESICK
アメリカを蝕むオピオイド危機
ベス・メイシー　神保 哲生 訳

タイガー・ウッズ、プリンスらが嵌《はま》った「鎮痛薬の罠」。年間死亡者、数万人。麻薬密売人と医師、そして製薬会社によるアメリカ史上最悪の薬物汚染の驚くべき実態を暴く。

光文社未来ライブラリー　好評既刊

サッカーマティクス　数学が解明する強豪チーム「勝利の方程式」

デイヴィッド・サンプター　千葉 敏生 訳

勝ち点はなぜ3なのか？ スター選手は数学的に何が凄いのか？ サッカーのさまざまな「数学的パターン」を発見・分析し、プレイと観戦に新たな視点を与える話題作。

希望難民　ピースボートと「承認の共同体」幻想

古市 憲寿

現代に必要なのは〝あきらめ〟か!? 「世界平和」や「夢」を掲げたクルーズ船・ピースボートに乗り込んだ東大院生による社会学的調査・分析の報告。古市憲寿の鮮烈のデビュー作。

女性が人生を変えるとき

メリンダ・ゲイツ　久保 陽子 訳

「全ての壁は、扉なのだ」——世界最大の慈善団体「ビル&メリンダ・ゲイツ財団」の共同議長が語る、人生を変え、文化を変えていく女性たちの物語と未来のつくり方。

ネットリンチで人生を破壊された人たち

ジョン・ロンソン　夏目 大 訳

〝大炎上〟が原因で社会的地位や職を失った人たちを徹底取材。加害者・被害者双方の心理、炎上のメカニズムなどを分析し、ダメージを受けない方法、被害を防ぐ方法を探る。

ネットワーク科学が解明した成功者の法則

アルバート＝ラズロ・バラバシ　江口 泰子 訳

世界が注目する理論物理学者が、ノーベル賞、現代アート、ヒットチャート、資金調達などあらゆる分野の膨大なデータを最先端の手法で分析、成功者に共通する5つの法則を明かす。

光文社未来ライブラリー　好評既刊

ルポ 差別と貧困の外国人労働者
安田 浩一

「日本人は誠実な人ばかりだと思っていた」——低賃金、長時間労働、劣悪な環境、パワハラ、セクハラ……技能実習制度の闇の部分を暴いた傑作ルポ、新原稿を加えて文庫化。

数字が苦手じゃなくなる
山田 真哉

168万部の『さおだけ屋はなぜ潰れないのか？』の続編にして52万部の『食い逃げされてもバイトは雇うな』シリーズ（上・下）を合本。数字の見方・使い方を2時間でマスター！

2016年の週刊文春
柳澤 健

スクープの価値は揺らがない——ふたりの編集長と現場の記者たちの苦闘を描き、週刊誌60年、文藝春秋100年の歴史をひもとく圧倒的熱量のノンフィクション。解説・古賀史健。

犬は「びよ」と鳴いていた
日本語は擬音語・擬態語が面白い
山口 仲美

朝日は「つるつる」、月は「うるうる」と昇っていた!? 英語の3倍、1200種にも及ぶ「日本語の名脇役」の歴史と謎に、研究の第一人者が迫る。ロングセラーが待望の文庫化！

■好評既刊

ハイディ・ブレイク 著　加賀山卓朗 訳

ロシアン・ルーレットは逃がさない

プーチンが仕掛ける暗殺プログラムと新たな戦争

裏切者、反体制派、ジャーナリスト……
クレムリンはいかに敵を消すのか？

ロシアから英国に亡命した富豪の周囲では、多くの関係者たちが不審な死を遂げている。そして英国政府が事態を黙過しているうちに、暗殺者たちはアメリカに上陸しつつあった——。クレムリンによる暗殺プログラムの全貌と、プーチンの世界支配の思惑に迫る。ピュリツァー賞ファイナリストによる渾身の調査報道。

四六判・ソフトカバー